Musik und Fotos auf dem Computer

Digitale Daten sichern, ordnen und verwalten. Mit vielen Tipps zu den besten Gratis-Programmen für PC und Mac.

Ktipp RATGEBER

© Konsumenteninfo AG, Zürich
Alle Rechte vorbehalten
1. Auflage, September 2013

Redaktion: Gernot Schönfeldinger, Marc Mair-Noack
Produktion: Barbara Jud
Layout: Beat Fessler, Jarmila Erne
Korrektorat: Esther Mattille
Titelfoto: 123RF

Bestelladresse:
K-Tipp-Ratgeber
Postfach 431, 8024 Zürich
ratgeber@ktipp.ch
www.ktipp.ch

ISBN: 978-3-906774-59-6

Vorwort

Digitale Medien auf dem Computer

Im digitalen Zeitalter hat sich die Art, Musik zu hören, grundlegend verändert. Via Internet ist Musik mühelos und oft auch kostenlos zugänglich. Tausende Titel passen auf einen mobilen Player oder aufs Handy, und der Lieblingssound ist immer und überall verfügbar.

Kernstück der digitalen Musiksammlung ist jedoch der Computer. Damit können Sie Musik von verschiedenen Quellen importieren, Titel und Alben übersichtlich ordnen, Dateiformate umwandeln, Musik auf mobile Abspielgeräte übertragen, Playlisten mit Ihren Lieblingssongs erstellen und vieles mehr.

Die meisten Zusatzprogramme, die dafür nötig sind, muss man nicht extra kaufen. Sie sind auf dem PC oder Mac bereits vorhanden oder im Internet gratis verfügbar. Allerdings: Wer die vielfältigen Möglichkeiten nutzen will, muss sich mit der Software zuerst vertraut machen.

Ob Songs von Downloadportalen, Mittschnitte von Internetradios, CDs oder Musik-Streams aus der «Wolke»: Dieser Ratgeber zeigt die wichtigsten Funktionen von iTunes, Windows Media Player & Co. In den einzelnen Kapiteln wird anschaulich erklärt, wie Sie Ihre Lieblingsmusik in optimaler Qualität auf den PC bringen, übersichtlich sortieren und sicher archivieren. Und wer zu Hause noch alte Vinyl-Schallplatten hat, findet in diesem Buch eine einfache Anleitung, um die alten Schätze zu digitalisieren.

Der zweite Teil des Buchs befasst sich mit digitalen Fotos auf dem Computer. Auch hier hilft kostenlose Software beim Importieren der Bilder, beim Anlegen eines übersichtlichen Fotoarchivs, beim Bearbeiten der Bilder und beim Präsentieren einer Diashow. Die meisten Programme sind selbst für Ungeübte einfach zu bedienen. Dieser Ratgeber zeigt, wies geht.

Zürich, im September 2013
Verlag und Redaktion

Inhalt

1 Musik downloaden und importieren
- 6   Musik downloaden: Anbieter im Netz
- 8   Programme von Webradios aufzeichnen
- 10   CDs auf den Computer kopieren
- 11   Die gängigsten Dateiformate für Musik
- 12   Alte Schallplatten und Tonbandkassetten digitalisieren
- 15   Software zum Digitalisieren, Importieren und Bearbeiten von Musik

2 Musik verwalten
- 18   Die gängigsten Mediaplayer
- 19   Musikbibliothek und Wiedergabelisten
- 20   Windows Media Player, Winamp, iTunes

3 Musik und Fotos sicher speichern
- 24   Systemabbild: Rettung in höchster Not
- 25   Backup: Wichtige Daten regelmässig sichern
- 26   Musiksammlung: Wiedergabelisten und individuelle Einstellungen sichern
- 28   Musik auf einen anderen Computer übertragen
- 29   Speichermedien: Festplatte, CD/DVD, Flash-Speicher und Online-Speicher

4 Musik wiedergeben
- 32   So richten Sie ein Heimnetzwerk ein
- 34   Netzwerkfähige Abspielgeräte
- 35   AirPlay und Apple TV
- 36   Cloud-Dienste: Musik aus der Wolke

5 Fotos auf dem Computer
- 40   Die passende Speicherkarte finden
- 41   Fotos übertragen: Von der Kamera auf den PC
- 42   Bilder vom Smartphone und anderen Quellen
- 44   Das digitale Fotoarchiv: Ordnung mit System
- 45   Bilder sichern: Externe Kopien sind unerlässlich

6 Fotos verwalten

- 46 Windows Live Fotogalerie: Windows XP
- 49 Stichwort: Metadaten und Tags
- 52 Windows Vista, Windows 7 und 8
- 59 Fotos verwalten mit Google Picasa
- 66 ACDSee und Photoshop Elements
- 67 Manuelle Bildverwaltung mit dem Windows Explorer
- 71 Bildverwaltung mit iPhoto auf dem Mac

7 Fotos bearbeiten

- 76 Programme zur Bildbearbeitung
- 78 Schritt für Schritt zum bearbeiteten Bild
- 80 Automatische Bildbearbeitung
- 83 Kreative Bildbearbeitung
- 83 Alte Foto-Schätze digitalisieren
- 84 Bilder einscannen
- 85 Staub und Kratzer entfernen
- 86 Bilder nachbearbeiten

8 Fotos präsentieren

- 88 Diashow mit Musik und Text
- 89 Fotos auf dem Fernseher anschauen
- 90 Präsentation mit dem Beamer
- 91 Bilder im Internet präsentieren
- 92 Bilder per E-Mail versenden
- 93 Fotoabzüge und gedruckte Fotobücher
- 94 Fotos selber ausdrucken
- 97 Geräte anschliessen:
  Das richtige Kabel für optimale Bildqualität

9 Glossar, Stichwortverzeichnis

- 102 Fachbegriffe und Abkürzungen
- 108 Stichwortverzeichnis

1   Musik downloaden und importieren
So kommt Musik auf den Computer

Das Internet steckt voller Musik. Mit wenigen Klicks bringt man seine Lieblingssongs auf den Computer. Auch CDs lassen sich problemlos auf den PC kopieren. Etwas aufwendiger ist dies bei alten Schallplatten.

Computer und digitale Musikformate wie MP3 machen es möglich: Musik ist heute praktisch überall verfügbar. Die Daten lassen sich fast auf jedem elektronischen Musikplayer oder Handy speichern und abspielen. Und weil Musikstücke relativ wenig Speicherplatz benötigen, passt eine ganze CD-Sammlung auf ein winziges Gerät. In aller Regel wird man die Musik aber zuerst auf der Festplatte des Computers speichern und die Musiksammlung auch dort verwalten (siehe Seite 18 ff.)

Musik kann von verschiedenen Quellen und auf unterschiedlichen Wegen auf die Festplatte des Computers gelangen. Die einfachste Möglichkeit: Sie laden via Internet bereits digitalisierte Musik auf Ihren Computer.

Musik online kaufen oder gratis downloaden

Einzelne Titel oder ganze CDs in digitaler Form können Sie bei einem der zahlreichen Download-Dienste kaufen, zum Beispiel beim iTunes-Store von Apple (nur in Verbindung mit dem iTunes-Player), bei Musicload (www.musicload.ch) oder beim Nokia Music Store (http://music.ovi.com/ch).

Auch CD-Anbieter stellen ihre Alben vermehrt als Download zur Verfügung. So kann man bei Amazon.de, Exlibris.ch, Weltbild.ch oder Cede.ch die Musik direkt herunterladen, statt eine CD zu bestellen. Auch hier kann man nur einzelne Stücke kaufen oder das komplette Album.

Zum Einkaufen benötigt man ein Benutzerkonto. Bezahlt wird in der Regel per Kreditkarte oder mit einer anderen Form der Online-Zahlung.

Musik gratis herunterladen: In der Schweiz nicht verboten

Bei mehreren Downloaddiensten ist es möglich, Musiktitel gratis herunterzuladen. Auch wenn sol-

Shops für Musikdownlads: Amazon.ch   Exlibris.ch

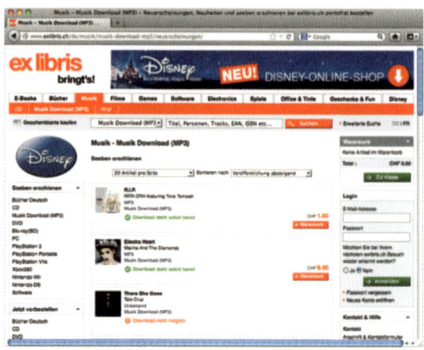

che Dienste meist illegal im Netz stehen und die Urheberrechte umgehen, ist es in der Schweiz nicht verboten, von diesen Seiten Musik für den privaten Gebrauch zu kopieren. Verboten ist es erst, wenn man im Gegenzug auch Daten ins Internet stellt – wie es bei Musiktauschbörsen gehandhabt wird.

Ein anderer kostenloser und legaler Weg führt über die Videoplattform YouTube. Mit entsprechenden Gratisprogrammen oder kostenlosen Funktionserweiterungen (Add-ons) für den Firefox-Browser lassen sich die Videos oder auch nur die Musik auf die Festplatte speichern. Die Urheberrechte werden bei dieser Methode allerdings genauso umgangen.

Downloads von Billiganbietern: Auf eigenes Risiko

Aufpassen sollte man bei Musik-Downloaddiensten, die sich vor allem in Russland und der Ukraine etabliert haben. Sie bieten Musik für einen Bruchteil dessen an, was man bei iTunes & Co. bezahlt. Auch von diesen Seiten ist der Download in der Schweiz legal.

> **IN DIESEM KAPITEL**
>
> 6 Musik downloaden: Anbieter im Netz
> 8 Programme von Webradios aufzeichnen
> 10 CDs auf den Computer kopieren
> 11 Die gängigsten Dateiformate für Musik
> 12 Alte Schallplatten und Tonbandkassetten auf den Computer kopieren
> 15 Software zum Digitalisieren, Importieren und Bearbeiten von Musik

Der Haken an der Sache: Die Seriosität solcher Anbieter lässt sich nicht überprüfen. Für Nutzer besteht das Risiko, dass Kreditkartendaten missbraucht werden oder dass sie ihr eingezahltes Guthaben verlieren. Ausserdem ist man nie sicher, ob die Musik-Downloads «sauber» sind oder ob man sich beim Herunterladen der Dateien einen Virus oder ein anderes Schadprogramm auf den Computer lädt.

Man kann sich zwar in Internetforen anhand von Erfahrungsberichten anderer Benutzer informieren, doch hundertprozentige Sicherheit gibt es im schnelllebigen Internet nie.

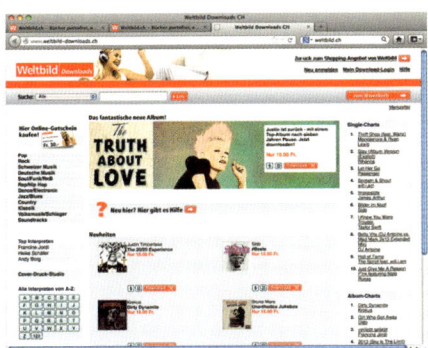

Weltbild.ch

Cede.ch

Webradios: Programme gratis aufzeichnen

Im Internet gibt es Tausende Radiostationen, die kostenlos Musik verbreiten. Das Programm der Webradios darf man für den eigenen, privaten Gebrauch aufzeichnen. Möglich machen dies kostenlose oder kostengünstige Computerprogramme – sogenannte Webrecorder.

Gute Webrecorder sind in der Lage, die einzelnen Songs mehr oder weniger säuberlich voneinander zu trennen und sie als MP3-Dateien in einem Ordner auf Ihrer Festplatte abzulegen. Diese können Sie – zum Teil auch mit Hilfe der Programme selbst – auf CD brennen oder auf einen MP3-Player kopieren.

Webradios senden in unterschiedlicher Qualität. Aufschluss darüber gibt die Bitrate (siehe Kasten unten). Wenn Sie die aufgezeichnete Musik nur mit den eingebauten PC-Lautsprechern oder mit einfachen Kopfhörern am Handy hören wollen, genügt eine Bitrate von 128 kBits pro Sekunde. Soll der Sound jedoch auch aus den Boxen der Stereoanlage gut klingen, sollten Sie ein Webradio suchen, das mit mindestens 192 kBits pro Sekunde sendet.

Webrecorder für PC

Rarmaradio
http://raimersoft.com/rarmaradio.aspx
Ein praktischer, kostenloser Webrecorder für den PC ist Rarmaradio. Seine Senderdatenbank lässt sich nach Musikstilen und Ländern durchforsten. Das Programm kann mehrere Sender gleichzeitig aufzeichnen. Eine Filterfunktion sorgt dafür, dass nur Songs von bestimmten Interpreten oder mit bestimmten Stichworten im Titel aufgezeichnet werden.

Ein weiterer Vorteil: Rarmaradio kann auch mehrere Hundert Internet-Fernsehstationen abspielen. Dabei gibt es allerdings keine Aufnahmefunktion.

Wichtig: Bei der Installation sollte man mit einem Klick auf «Custom Installation» dafür sorgen, dass die Babylon-Software nicht automatisch mitinstalliert wird (siehe Kasten Seite 10). Das Programm ist für die Funktion von Rarmaradio unnötig und lässt sich später nur mühsam entfernen.

Eine Alternative zu Rarmaradio ist der **Hit-Recorder** (www.hitrecorder.de). Er nimmt Musik von bis zu 20 Web-Radiosendern gleichzeitig auf und speichert sie direkt auf die Festplatte, auf einen USB-Stick

---

TIPP

Aufnahmen in guter Qualität

Die Bitrate (kBits pro Sekunde) sagt aus, wie aufwendig – also mit wie viel Daten in einer gewissen Zeit – der Rechner die Musik aufnimmt. Je höher die Datenrate, desto besser die Tonqualität. Allerdings beansprucht eine hohe Datenrate auch mehr Speicherplatz.

Für eine gute Tonausgabe sollte man bei der Aufnahme mindestens eine Rate von 192 kBits pro Sekunde einstellen. Damit die Musik auch auf Stereoanlagen dynamisch klingt, eignet sich eine Rate von 256 oder 320 kBits pro Sekunde.

1 Musik importieren

Downloadseite von www.hitrecorder.de

oder aufs Smartphone. Der Hit-Recorder kostet rund 16 Franken. Vor dem Kauf kann man das Programm eine Woche gratis testen.

OnlineTV (www.onlinetv6.de) ist mehr als nur ein Radio-Recorder. Er kann Musik und Videos aufzeichnen. Das Programm gibt es ebenfalls in einer (eingeschränkten) kostenlosen und in einer kostenpflichtigen Version für rund 20 Franken.

Streamripper
http://streamripper-fur-winamp.softonic.de

Die Freeware Streamripper ist ein Zusatzprogramm für den Winamp-Mediaplayer (www.winamp.com). Auch damit lassen sich Programme von Webradios aufzeichnen.

Der Klick auf «**Online-Dienste**» öffnet ein (englischsprachiges) Fenster, in dem Sie den Reiter «**Online Services**» anklicken. Dort wählen Sie dann «**SHOUTcast.Radio**» und fügen dieses Webradio-Verzeichnis durch Klick auf «**Add to Winamp**» zu Ihrem Mediaplayer hinzu. Damit steht eine Auswahl von Tausenden (auch deutschsprachigen) Webradios zur Verfügung, die Musik aller Stilrichtungen bieten.

Beim Anklicken eines Internetradios öffnet sich automatisch das Fenster des Streamrippers. Damit lässt sich nun das Programm sämtlicher Sender mitschneiden. Klicken Sie dazu einfach auf «**Start**».

Sollte beim ersten Öffnen eine Fehlermeldung erscheinen, dann klicken Sie auf «**Options/File**» und wählen unter «**Output-Directory**» den Speicherort für die Mitschnitte erneut aus. Auch sollte der Haken vor der Option «**Rip to separate files**» gesetzt sein, damit die einzelnen Titel als separate Dateien gespeichert werden. Nach Klick auf «**OK**» sollte das Aufzeichnen klappen.

Sollen die aufgenommenen Songs sofort zum Winamp-Player hinzugefügt werden, müssen Sie «**Add finished tracks to Winamp playlists**» anhaken.

TIPP

Aufzeichnungen zurechtschneiden

Wenn man Musik von Webradios aufzeichnet, sind oft Überblendungen oder die Stimme des Moderators dabei. Manche Recorder liefern das Werkzeug zur Bearbeitung gleich mit, andernfalls empfiehlt sich für den PC die Software **MP3DirectCut** (Download z.B. auf www.chip.de). Damit können Sie die Anfänge und Enden der Lieder beschneiden oder die Musik sanft ein- oder ausblenden. Weitere Bearbeitungsmöglichkeiten bietet dieses Programm aber nicht.

Eine Alternative für Mac mit vergleichbaren Möglichkeiten ist der **MP3-Trimmer** www.deepniner.net/mp3trimmer).

STICHWORT

ID3-Tags

Digital gespeicherte Musiktitel enthalten auch Zusatzinformationen wie Name des Interpreten, Album, Jahr der Aufnahme, Musikstil und Spieldauer usw. Diese Metadaten für MP3-Dateien bezeichnet man auch als ID3-Tags. Bei Musiktiteln, die Sie aus dem Internet herunterladen, sind diese Informationen bereits dabei.

Wenn Sie CDs auf den PC kopieren, werden die Tags nachträglich erstellt. Der Media-Player holt sich die benötigten Informationen aus dem Internet und fügt sie automatisch in die MP3-Dateien ein. Auch das CD-Cover oder Songtexte lassen sich so anzeigen.

Wenn Sie Ihre Musiksammlung mit einem Media-Player verwalten, greift dieser auf die Tags zurück und legt die Titel am richtigen Ort ab.

Webrecorder für den Mac

Für Apple-Rechner ist die Auswahl an vielseitigen Webradio-Recordern nicht so gross wie für den PC. Dennoch gibt es einige brauchbare Programme.

Eine praktische Aufnahme-Software ist **Radio.fx**, das sowohl auf PCs wie auf dem Mac funktioniert (http://club.tobit.com/radiofx). Die Software nimmt automatisch alle gespeicherten Sender auf. Mit der Spulfunktion kann man den Beginn eines Musiktitels suchen, bevor man ihn aufnimmt und den Song danach als MP3-Datei extrahieren.

In der kostenlosen Version nimmt **Radio.fx** vier Sender gleichzeitig auf, für 25 Franken pro Jahr ist die Senderzahl unbegrenzt.

Eine ebenfalls vielseitige Recordersoftware ist **Snowtape** (http://vemedio.com/products/snowtape). Mit einem Preis von rund 30 Franken ist Snowtape aber verhältnismässig teuer.

CDs auf den Computer importieren

Die Daten auf einer Audio-CD liegen bereits ditigal vor. Dennoch genügt es nicht, sie einfach auf den Computer zu kopieren. Man muss die Daten auf der CD in ein anderes Musikdateiformat umwandeln («rippen»).

Für Musik am gebräuchlichsten ist das MP3-Format. MP3-Dateien können von allen Abspielgeräten gelesen und wiedergegeben werden (siehe Kasten Seite 11).

Eine CD speichert rund 650 Megabyte Musikdaten. Beim Umwandeln der Audio-CD ins MP3-Format werden die ursprünglichen Daten um 90 Prozent komprimiert. Das heisst: Die Datenmenge wird dabei reduziert. Weil für das menschliche Ohr aber nur ein Teil der gespeicherten Musikinformationen hörbar ist, fällt dies nicht weiter ins Gewicht.

Die «abgespeckten» MP3-Dateien benötigen jedoch viel weniger Speicherplatz. Dies ist ein grosser

TIPP

Tücken beim Klicken

Achten Sie beim Installieren von Software darauf, wo Sie welchen Haken setzen beziehungsweise entfernen oder welche Daten Sie eingeben (müssen).

Beim Installationsvorgang werden oft kostenlose Zusatzprogramme angeboten. Wer diese nicht will, kann bedenkenlos ablehnen. Man ist auch nicht verpflichtet, persönliche Daten anzugeben.

1 Musik importieren

Vorteil, wenn man sie auf einen mobilen MP3-Player, aufs Handy oder aufs Tablet kopieren will.

Das Umwandeln von Audio-CDs ins MP3-Format kann aber auch sinnvoll sein, wenn man keinen MP3-Player besitzt. Im komprimierten Format lässt sich Musik von zehn CDs auf eine einzige brennen und fast mit jedem neueren CD- oder DVD-Gerät abspielen.

iTunes: CD importieren

CDs kopieren – so gehts:

CD-Ripper-Programme gibt es zuhauf, doch am besten verwendet man einen Media-Player wie den Windows Media Player, Winamp oder iTunes.

Legen Sie die CD ins Laufwerk. Bevor Sie diese importieren, sollten Sie noch die Importeinstellungen festlegen.

■ **Windows Media Player:** Markieren Sie dazu im Fenster des Mediaplayers die angezeigte CD durch einfachen Linksklick. Neben der Option «CD kopieren» finden Sie im oberen Balken die «Kopiereinstellungen», wobei vor allem «Format» und «Audioqualität» wichtig sind. Wählen Sie «MP3»

Die gängigsten Dateiformate für Musik

Es gibt mehrere Dateiformate für Audiodateien, doch für den durchschnittlichen User sind nur ganz wenige davon relevant.

■ **MP3** ist der Klassiker unter den Musikdateien. Es ist ein komprimiertes Format und stellt einen akzeptablen Kompromiss zwischen Dateigrösse, Tonqualität und universeller Verwendbarkeit dar. Jeder mobile Player kennt MP3.

■ **WAV** ist das Microsoft-Format für unkomprimierte Musik. Mobile Player beherrschen es daher eher selten. Windows und OS X spielen WAV mit dem integrierten Windows Media Player beziehungsweise mit Quicktime ab.

■ **AAC** gilt als qualitativ verbesserter Nachfolger von MP3. Die Vorteile von AAC-Audiodateien sind die vergleichsweise kleinen Dateien bei dennoch hoher Qualität. AAC ist das hauseigene Format von Apple. Nur wenige andere mobile Musikplayer können AAC abspielen.

Damit Sie Titel aus dem iTunes-Shop auf allen Abspielgeräten anhören können, sollten Sie diese ins MP3-Format umwandeln. Das geht per Rechtsklick auf den Song, dann auf «MP3-Version erstellen».

■ **WMA**(-DRM) ist das eigentliche Windows-Audioformat. Bis auf den iTunes-Store verkaufen nahezu alle Musikportale im Internet Musik in diesem Format und versehen es mit einem Kopierschutz (DRM). Der Windows Media Player spielt daher WMA-DRM ohne Probleme, Quicktime hingegen nur DRM-freie. Achtung: Vor allem günstige mobile Player spielen DRM-geschützte WMA-Dateien oftmals nicht ab.

und «**192kBit/s**», damit bleiben die einzelnen Musikdateien relativ klein (etwas mehr als 1 Megabyte pro Minute Spieldauer), die Qualität ist jedoch absolut zufriedenstellend. Unter «**Weitere Optionen**» können Sie auf Wunsch auch den Speicherort für die Musikdateien ändern.

Dieselben Einstellungen nehmen Sie auch bei anderen Mediaplayern vor.

- **Winamp**: Klicken Sie unter «**Rippen**» auf «**CD-Rippen Einstellungen**» (das MP3-Format gibt es nur in der kostenpflichtigen Version).
- **iTunes**: Wählen Sie im Reiter oben links die entsprechende Audio CD, dann klicken Sie rechts auf «**CD importieren**». In den Importeinstellungen kann man je nach Programmversion auch den Speicherort ändern. Wer sich nicht so gut auskennt, verzichtet aber besser auf diese Option, weil dies Auswirkungen auf die gesamte gespeicherte Musik hat.

Schallplatten und Kassetten digitalisieren

Alte Schallplatten oder Musikkassetten in digitale Daten zu verwandeln ist grundsätzlich möglich und auch nicht allzu kompliziert. Allerdings ist der Zeitaufwand relativ hoch.

Ähnlich wie beim Einscannen eines alten Papierfotos genügt es nicht, die Musik einfach nur zu digitalisieren. Nach diesem Vorgang sind diverse Nachbearbeitungsschritte nötig.

Falls es die Musik inzwischen auch auf CD oder als MP3-Datei gibt, sollten Sie gut überlegen, ob Sie diese nicht lieber ein zweites Mal kaufen.

Eine andere Möglichkeit: Sie lassen das Überspielen extern durchführen. Firmen, die zum Beispiel Videocassetten und Super-8-Filme auf DVD brennen, bieten diesen Service oft auch für Schallplatten und Musikkassetten an.

Die technischen Voraussetzungen

Wenn man Musik von Schallplatten oder MCs selber auf den Computer bringen möchte, brauchts neben einer geeigneten Software auch die entsprechende technische Ausstattung.

- **Computer**: Eine Soundkarte ist standardmässig in jedem Rechner eingebaut. Bei neueren Geräten genügt sie in der Regel den Anforderungen für den Musikimport von LP und MC. Eher ein Problem dürfte es sein, am PC einen Audio-Eingang (Line-in) zu finden. Ein solcher Anschluss (meist eine 3,5-mm-Klinkenbuchse) ist nötig, um ein externes Kabel mit der Soundkarte zu verbinden.

Wenn am Computer ein Mikrofoneingang vorhanden ist, kann man das externe Gerät auch dort anschliessen. Das ist jedoch eher eine Notlösung. Beim Überspielen kann es zu Qualitätseinbussen kommen. Und wenn es sich nur um eine Mono-Schnittstelle handelt, ist sie zum Überspielen der Musiksammlung unbrauchbar.

Vor allem bei Notebooks ist oft keine Audio-Schnittstelle vorhanden. Ebenso fehlt der Audio-eingang bei den neuen iMacs. In diesem Fall kann eine externe USB-Soundkarte Abhilfe schaffen, zum Beispiel ein mittelpreisiges Modell von Anbietern wie Creative, Asus oder das iMic von Griffin für rund 40 bis 60 Franken.

Bleibt die grosse Frage, was am anderen Ende des Kabels hängt. Hier gibt es mehrere denkbare Szenarien:

■ **Stereoanlage**: Sie besitzen eine Hi-Fi-Anlage, die Ende der 1990er-Jahre oder früher gebaut wurde. Dann haben Sie vermutlich auch einen Verstärker, der nicht nur über einen Ausgang verfügt, sondern auch über einen Phono-Eingang für den Plattenspieler.

Das Kassettendeck können Sie direkt an den Computer anschliessen. Das Tonsignal des Plattenspielers muss jedoch zuerst verstärkt werden. Das Signal kommt dann via Verstärker in den Computer. Dafür benötigen Sie ein Kabel mit den passenden Steckern – in der Regel «Cinch auf 3,5 mm Klinke». Stecken Sie das Kabel in die Line-Out-Buchse des Verstärkers und in den Audio-Eingang (Line-In) des Rechners. Verwenden Sie nicht den Kopfhörerausgang des Verstärkers. Das würde sich negativ auf die Qualität auswirken.

■ **Externer Vorverstärker**: Wenn der Verstärker Ihrer Stereoanlage keinen Phono-Eingang hat, müssen Sie einen externen Vorverstärker kaufen. Geeignete Produkte gibts zum Beispiel von Hama (ab ca. 45 Franken) oder Pro-Ject (ca. 120 Franken). Magix bietet mit dem Paket «Retten Sie Ihre Schallplatten» einen Vorverstärker samt Software zum Überspielen und Bearbeiten von Musik für rund 100 Franken an. Den externen Verstärker schliessen Sie zwischen Plattenspieler und Computer an.

■ **USB-Abspielgeräte**: Wenn Sie kein Gerät mehr haben, um Schallplatten oder Musikkassetten abzuspielen, kann ein Plattenspieler beziehungsweise Kassettengerät mit USB-Anschluss weiterhelfen. Allerdings müssen Sie genau darauf achten, was Sie kaufen. Plattenspieler für 50 Franken können zwar grundsätzlich ihren Zweck

Externer Phono-Vorverstärker: Wird am Plattenspieler und am Computer angeschlossen

Cinch-Stecker: Für Stereo-Tonsignale

erfüllen, aber es kann auch unliebsame Überraschungen geben: unebene Plattenteller, Gleichlaufschwankungen oder Tonarme ohne Gegengewicht. So kann die Nadel bei Unebenheiten leicht abheben oder aus der Spur geraten.

Rechnen Sie für brauchbare Qualität mit 250 bis 350 Franken in der mittleren Preisklasse (z.B. von Denon, Sony oder Pro-Ject).

Es gibt Geräte, die unmittelbar zum Computer überspielen, andere nehmen den Umweg über einen USB-Stick oder eine SD-Speicherkarte. Und schliesslich gibt es auch USB-Plattenspieler, mit denen man direkt eine Audio-CD brennen kann.

Die letzte Methode ist jedoch nicht zu empfehlen, weil man die Musik am Computer nicht nachbearbeiten kann. Das ist aber meistens nötig. So kann es zum Beispiel Probleme geben, wenn die mitgelieferte Software die einzelnen Titel eines Albums automatisch trennt. Das funktioniert nur dann gut, wenn die Pausen nicht zu kurz sind, die Schallplatte nicht zu sehr knistert und die Musik darauf dem Schema Titel – Pause – Titel entspricht. Bei klassischer Musik oder Live-Mitschnitten ist die automatische Trennung oft ungenau. Die Folge: Die CD wird in zu wenige oder zu viele Titel unterteilt.

Dieses Problem gibt es natürlich auch beim Überspielen auf den Computer. Allerdings ist es dann möglich, beim Nachbearbeiten an der richtigen Stelle Titelmarkierungen zu setzen (siehe Seite 15 ff.).

Auch bei den USB-Kassettengeräten gibt es teure und hochwertige Produkte, preiswertere Ausführungen für weniger als 100 Franken, sowie eine Reihe tragbarer Geräte, die lediglich zwischen 30 und 50 Franken kosten. Aller-

TIPPS

Einstellungen für einen guten Klang

■ LPs und MCs liefern keine überragende Qualität. Lassen Sie die Samplingrate auf den standardmässigen 44,1 kHz, für die Auflösung genügen 16 Bit. Höhere Einstellungen führen zu keiner Qualitätsverbesserung.

■ Für das manuelle Einstellen des Aufnahmepegels spielen Sie die lauteste Stelle. Die maximalen Pegelausschläge sollten gerade 0 Dezibel (dB) erreichen.

■ Importieren Sie nach Möglichkeit im unkomprimierten WAV-Format und wandeln Sie die Daten erst nach dem Bearbeiten ins MP3-Format um. Wählen Sie hier als Einstellung 192 kBits. Dies ist ein guter Kompromiss aus Dateigrösse und Klangqualität.

■ Reinigen Sie Schallplatten vor dem Abspielen mit einer Carbonfaserbürste vom Staub, um das Knistern zu reduzieren.

■ MCs, die mit Dolby-Rauschunterdrückung aufgenommen wurden, sollten mit aktivierter Rauschunterdrückung abgespielt werden, sofern das Gerät diese unterstützt. Andernfalls können Sie das Rauschens am PC entfernen. Das kann jedoch den Klang verfälschen.

Musik importieren

dings kann bei sehr günstigen Geräten ebenfalls die Klangqualität leiden. Wenn Sie viele Kassetten auf den PC überspielen wollen, lohnt sich die Anschaffung eines teureren Kassettendecks.

Import- und Bearbeitungssoftware

Bei USB-Abspielgeräten ist meist eine Software zum Überspielen dabei. Manche Geräte, (zum Beispiel jene, die auf USB-Sticks zwischenspeichern), wandeln dabei die Musik gleich ins MP3-Format um. Das ist unproblematisch, wenn die Tonträger nicht zu stark abgenutzt oder zerkratzt sind und man nachträglich am PC nur noch die einzelnen Titel sauber trennen will.

Ist jedoch eine Nachbearbeitung erwünscht oder notwendig, dann ist der Import im unkomprimierten WAV-Format sinnvoller (siehe Kasten Seite 11). So bleiben die Qualitätsverluste gering. Erst danach konvertiert man ins platzsparende MP3-Format.

Das heisst, man sollte anstelle der mitgelieferten Software eine Alternative verwenden, die den Import als WAV-Datei zulässt. Gleiches gilt für den Fall, dass die Software den iTunes-Mediaplayer voraussetzt, Sie diesen aber nicht verwenden möchten.

Es gibt zahlreiche Programme zum Digitalisieren und Bearbeiten analoger Tonträger. Von kostenpflichtiger Software gibt es auch Gratis-Testversionen. Am besten probieren Sie alle in Ruhe aus und entscheiden danach, welches Programm Ihnen am meisten zusagt.

Magix Audio Cleaning Lab 2013 (PC)

www.magix.com

Die Magix-Software bietet für 50 bis 60 Franken den grössten Komfort für Einsteiger. Das Windows-Programm verfügt über umfangreiche Automatikfunktionen und ist einfach zu bedienen. Grosse Symbole und eingeblendete Erklärungen sind eine grosse Hilfe.

Klickt man zum Beispiel auf das Plattenspieler-Symbol, öffnet sich ein Fenster mit Importeinstellungen. Hier wählen Sie in den erweiterten Einstellungen («**Erweitert**») zum Beispiel «**Vinyl**» als Aufnahmequelle, «**Automatische CD-Track-Erkennung**» und «**Automatisch in einzelne Dateien speichern**». Damit werden die importierten Titel getrennt und für das Brennen auf CD einzeln nummeriert. Sollte dies das eine oder andere Mal fehlschlagen, können Sie in einem der späteren Bearbeitungsschritte immer noch Titel voneinander trennen sowie Titelmarkierungen (Marker) setzen.

Oben links wählen Sie dann noch den entsprechenden Audioeingang und aktivieren den Haken vor «**Automatische Pegelanpassung**». Diese funktioniert gut und Sie müssen sich in der Folge um nichts weiter mehr kümmern. In weiteren Schritten wird die Aufnahme dann (halb-)automatisch von Störgeräuschen befreit, klanglich verbessert und ins gewünschte Dateiformat exportiert.

Audacity (PC und Mac)
http://audacity.sourceforge.net

Audacity ist ein kostenloses, professionell ausgestattetes Werkzeug für PC und Mac. Es bietet viele Möglichkeiten, aber keine Komfortfunktionen, welche die Bedienung erleichtern. Dadurch ist das Programm für Einsteiger relativ unübersichtlich und verwirrend. Bearbeitungsschritte wie Rauschen und Knacker entfernen müssen einzeln durchgeführt werden. Die online verfügbare Anleitung ist aber verständlich und detailliert.

Um Musik zu importieren, schalten Sie oben das Feld mit dem Mikrofon-Symbol auf «**Input**». Starten Sie die LP oder MC. Mittels Schieberegler, der gleichfalls mit einem Mikrofonsymbol gekennzeichnet ist, können Sie die Lautstärke des Eingangssignals anpassen.

Beim Aufnehmen legt Audacity ein neues Projekt in einem speziellen Dateiformat an. Nach dem Bearbeiten können Sie die Dateien ins WAV-Format exportieren. Wenn Sie die Dateien hingegen ins MP3-Format umwandeln möchten, müssen Sie nach der Installation von Audacity von derselben Website zusätzlich den **LAME MP3 Encoder** herunterladen und installieren.

Die Bearbeitungsfunktionen finden Sie unter dem Menüpunkt «**Effekt**». Die wichtigsten davon sind der «**Klick-Filter**», die «**Rauschentfernung**» sowie «**Reparieren**», um einzelne Knackser gezielt zu entfernen.

Nero (PC)
www.nero.com/deu/downloads

Anders als Magix ist Nero ein multifunktionales PC-Werkzeug zum Brennen, Sichern, Bearbeiten und Konvertieren von Videos, Wiederherstellen von Daten usw. Zum

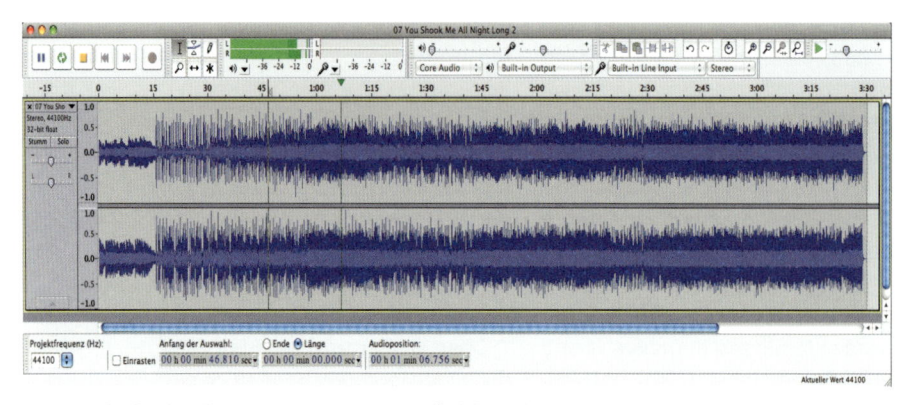

Audacity: Professionell ausgestattetes Werkzeug für PC und Mac

Importieren und Bearbeiten von Musikdateien ist die Anwendung **Nero SoundTrax** gedacht. Sie ist Teil der Nero-Software, steht jedoch auf der Webseite als separates Programm als Gratis-Download zu Verfügung. Daher müssen Sie nicht extra die Nero-Vollversion kaufen.

Nero SoundTrax verfügt zwar über einen recht brauchbaren Assistenten, mit dem man in wenigen Schritten eine Schallplatte importieren und digitalisieren kann. Dennoch ist das Programm für Einsteiger nicht gleich benutzerfreundlich wie die Magix-Software (siehe Seite 15).

Der Assistent nennt sich übrigens «LP-zu-CD-Assistent». Man muss aber nach dem Import nicht zwingend eine CD brennen. Gespeichert wird im WAV-Format.

Zunächst müssen Sie den Aufnahmepegel einstellen, dabei sollten sich die lautesten Stellen im gelben Bereich der Anzeige bewegen. Nach dem Beenden der Aufnahme führt der Assistent durch die weiteren Bearbeitungsschritte.

Mit dem ebenfalls auf der Webseite erhältlichen kostenlosen **Nero WaveEditor** sind nachträglich diverse Klangoptimierungen möglich.

Analogue Ripper (Mac)

Der Analogue Ripper ist ein kostenpflichtiges App für Mac-Computer, das ganz auf den Import von analogen Medien wie Schallplatten oder Kassetten spezialisiert ist. Das Programm ist im App Store für 20 Franken erhältlich.

Die Benutzeroberfläche ist relativ einfach gestaltet, sodass es ohne viel Einarbeitung möglich ist, die Musik aufzuzeichnen und danach in verschiedene Titel zu schneiden (falls dies automatisch nicht korrekt geklappt hat). Danach lassen sich die Informationen wie Titel oder Komponist einfügen. Zuletzt kann man die Musik als MP4-Datei direkt an iTunes senden.

Ein Nachteil: Ein Filter, um Störgeräusche zu entfernen, fehlt bislang im Analogue Ripper.

> **TIPP**
>
> **Bearbeitung mit Mass und Ziel**
>
> Das Entfernen von Störgeräuschen erfolgt durch einen Rechenvorgang am Computer. Dieser filtert allerdings unweigerlich auch Teile der Musik heraus, indem er zum Beispiel die Höhen generell absenkt oder Bassfrequenzen löscht. Dies führt zu Qualitätsverlusten. Deshalb sollten Sie die entsprechenden Filter mit Vorsicht einsetzen und auch nicht blindlings den automatischen Voreinstellungen vertrauen.
>
> Magix und Nero haben eine Vorschaufunktion, die Sie unbedingt nutzen sollten. Gleiches gilt für die Möglichkeiten zur Klangverbesserung. Zu viel des Guten kann mehr Schaden als Nutzen anrichten.
>
> Magix und Nero sind übrigens auch in der Lage, im Internet nach den Daten zu den importierten Titeln zu suchen. Dies erledigen allerdings alternativ auch die Mediaplayer.

2 Musik verwalten
Musikbibliothek und Wiedergabelisten

Songs von Downloadportalen, Audio-CDs, Mittschnitte von Internetradios – in Zeiten digitaler Musik wächst die Musiksammlung auf dem Computer im Eiltempo. Mediaplayer helfen, den Überblick zu bewahren.

Musikstücke auf der Festplatte geordnet ablegen, Titel von verschiedenen Quellen importieren, Dateiformate umwandeln, Musik auf mobile Abspielgeräte übertragen, Playlisten mit den Lieblingssongs erstellen – all dies und noch vieles mehr sollten gute Mediaplayer beherrschen.

Die drei «grossen» Player
Die drei wichtigsten Programme zum Abspielen und Verwalten von Musik sind Windows Media Player, Winamp und iTunes.

Windows Media Player und Winamp sind direkte und vergleichbare Konkurrenten auf PCs, während iTunes etwas anders aufgebaut ist und auf PC und Mac funktioniert.

iTunes kann zwar Musik aus anderen Quellen importieren, die integrierte Geräteverwaltung beschränkt sich jedoch auf Apple-Produkte. Umgekehrt ist es nicht möglich, iPhone oder iPod mit Windows Media Player oder Winamp zu verwalten.

■ **Windows Media Player (WMP):** Er ist Standard bei PCs und nahtlos in die Windows-Betriebssysteme integriert. In Windows XP und Vista sowie in den meisten Versionen von Windows 7 und 8 ist der Windows Media Player bereits vorinstalliert. Er ist mit dem Ordner «Eigene Musik» verknüpft.

■ **Winamp:** Für Windows-Nutzer ist der Winamp-Player eine Alternative zum Windows Media Player. Die kostenlose Basisversion lässt allerdings die eine oder andere praktische Funktion vermissen. Die Pro-Version ist reichlich mit Funktionen ausgestattet, kostet aber rund 18 Franken.
www.winamp.com/mediaplayer/de

■ **iTunes:** Auf Mac-Rechnern ist das Programm iTunes – zurzeit in der Version 11 – schon lange Standard. Auch wer als PC-Besitzer einen iPod, ein iPad oder ein iPhone von Apple sein Eigen nennt, kommt um iTunes kaum herum. Denn Apple-Geräte lassen sich mit Windows Media Player und Winamp nicht verwalten.

Ausserdem ist iTunes mit diversen Zusatzangeboten verbunden, wie dem iTunes Store für Musik, Bücher, Filme und Apps, dem sozialen Netzwerk für Musik «Ping» und dem kostenpflichtigen Cloud-Service «Match».

Tablets, Handys und MP3-Player anderer Hersteller lassen sich mit iTunes nicht verwalten und synchronisieren. Eine weitere Einschränkung bei Apple ist, dass man unter «Store» maximal fünf Geräte für das Apple-Benutzerkonto (Apple-ID) aktivieren kann (direkt von jedem einzelnen Gerät aus). Dieses Benutzerkonto ist zwingend notwendig.
www.apple.com/itunes/download

Kostenlose Alternativen

Neben den drei vorgestellten Programmen gibt es noch eine Reihe weitere kostenlose Software zur Verwaltung von Musikmedien.

- **Songbird**: Eine Alternative für Mac und PC ist Songbird. Die Bedienung ist ähnlich aufgebaut wie bei iTunes oder Windows Media Player. Auch hier finden sich Playlists, auch hier wird die Musik nach Interpret, Album oder Song aufgelistet. Wenn Songbird ausserdem auf einer Webseite Musikangebote findet, werden die MP3-Titel gleich in einer Playlist angezeigt und können abgespielt werden.
http://getsongbird.com/desktop

Songbird: Funktioniert auf Mac und PC

- **Mediamonkey**: Ebenfalls eine ernstzunehmende Alternative für den PC ist Mediamonkey. Das Programm punktet mit einer einfachen Bedienung und einer guten

Mediamonkey: Einfach zu bedienen

IN DIESEM KAPITEL

18 Die gängigsten Mediaplayer
19 Musikbibliothek und Wiedergabelisten
20 Windows Media Player, Winamp, iTunes

2 Musik verwalten

Suchfunktion. Ausserdem versteht es mehr Musikformate als Windows Media Player und iTunes.
www.mediamonkey.com

Musikbibliothek und Wiedergabelisten

Die Mediaplayer suchen in einer Online-Datenbank alle verfügbaren Informationen zur vorhandenen Musik zusammen und ordnen sie in der Musikbibliothek wahlweise nach Interpret, Albumtitel oder Musikstil. Fehlende Angaben muss man nachträglich selber eintippen.

Eine Möglichkeit, um die Musikstücke zu sortieren, sind Wiedergabelisten. So ist es möglich, eine Auswahl an Titeln individuell zusammenzustellen, auf CD zu brennen oder auf einen externen Musikplayer zu übertragen.

Wenn Sie zum Beispiel für ein Fest Partymusik zusammenstellen möchten, können Sie eine Wiedergabeliste mit der Bezeichnung «Party» erstellen und die gewünschten Titel hineinkopieren.

Eine Wiedergabeliste enthält nicht die tatsächlichen Ordner und Dateien, sondern nur die Verweise auf bestimmte Musikdateien. Das Original bleibt unberührt an seinem Speicherplatz – selbst dann, wenn Sie eine Wiedergabeliste verändern oder löschen. Im letzteren Fall müssen Sie allerdings in einem separaten Fenster angeben, dass Sie die Liste nur aus dem Mediaplayer, nicht aber vom Computer löschen möchten.

Das Hinzufügen von Dateien in die Musikbibliothek oder Mediathek und das Erstellen von Wiedergabelisten funktioniert bei allen Mediaplayern ähnlich. Die wichtigsten Schritte im Detail:

Windows Media Player

■ **Musikbibliothek:** CDs, die Sie mit dem Windows Media Player importieren, landen automatisch im Ordner «**Eigene Musik**». Downloads, importierte Schallplatten oder Kassetten sollten Sie ebenfalls dort abspeichern.

Haben Sie Ihre Musikdateien auf eine externe Festplatte ausgelagert (siehe Seite 29 f.), ist das auch kein Problem. Klicken Sie auf «**Organisieren/Bibliotheken verwalten/Musik**» und beziehen Sie die Festplatte durch Klick auf «**Hinzufügen**» mit ein. Umgekehrt können Sie nicht benötigte Ordner entfernen. Dies ist ein Teil jener Funktionen des Windows Media Player, die man unter Musikverwaltung zusammenfassen kann.

Unter Bibliotheken versteht man seit Windows 7 übergeordnete Verzeichnisse, in denen – unabhängig vom Speicherort – ähnliche Dateien zusammengeführt werden (Musik, Videos, Bilder, Dokumente). Auf Wunsch kann man nach Rechtsklick auf den Eintrag «**Bibliotheken**» im Windows Explorer auch individuelle weitere Bibliotheken erstellen (z.B. «Hörbücher»).

Unabhängig davon kann der Windows Media Player auch einzelne Ordner mit Audiodateien in die Verwaltung mit aufnehmen, sodass zum Beispiel nach Hinzufügen der entsprechenden Ordner Musik auf der Festplatte und solche auf einem externen Medium gemeinsam im Windows Media Player erscheint. Der Speicherort der hinzugefügten Ordner bleibt dabei unverändert und auch das Entfernen der Ordner aus dem Windows Media Player hat keine Auswirkungen auf die Originaldateien.

■ **Wiedergabelisten:** Das Erstellen einer neuen Wiedergabeliste erfolgt durch Klick auf «**Wiedergabeliste erstellen**». Danach können Sie die neue Liste benennen und mit der Maus die gewünschten Musiktitel daraufziehen. Eine zweite Möglichkeit ist, im Reiter oben rechts auf «**Wiedergabelisten**» zu klicken. In das Feld, das sich nun öffnet, ziehen Sie die gewünschten Titel, klicken auf «**Liste speichern**», geben eine Namen ein und klicken ein zweites Mal auf «**Liste speichern**».

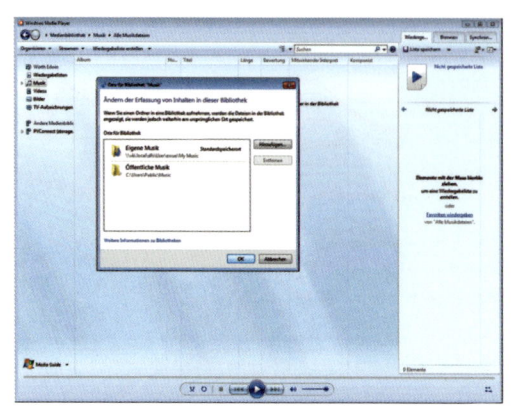

Windows Media Player: Hier lassen sich verschiedene Ordner zur Musikbibliothek hinzufügen.

Das betreffende Feld verwenden Sie auch für die Synchronisierung eines angeschlossenen Abspielgeräts. iPod, iPhone und iPad von Apple lassen sich mit dem Windows Media Player allerdings nicht synchronisieren.

Durch Klick auf «**Erweiterte Optionen/Qualität**» können Sie darauf Einfluss nehmen, in welcher Qualität Musik und Videos auf das tragbare Gerät kopiert werden. Das Umwandeln von Musikdateien in ein anderes Format ist mit dem Windows Media Player übrigens nicht möglich. Die Alternative ist ein externes (kostenloses) Programm, wie etwa der **Free Audio Converter** (Download z.B. unter www.chip.de).

Winamp

■ **Musikbibliothek:** So wie der Windows Media Player greift Winamp standardmässig auf den Ordner «Eigene Musik» zu. Weitere Ordner fügen Sie mittels «**Datei/ Medien zur Medienbibliothek hinzufügen**» hinzu. In der Medienbibliothek werden unter «**Audio**» sämtliche Musiktitel angezeigt, die nach unterschiedlichen Kriterien sortiert werden können.

■ **Wiedergabelisten:** Weiter unten befinden sich die «**Playlisten**», wie die Wiedergabelisten hier heissen. Durch Rechtsklick auf diesen Eintrag oder mit Hilfe der Schaltflächen am unteren Fensterrand können Sie neue Playlisten erstellen und sie durch Klick auf «**Hinzufügen**» oder durch Ziehen mit der Maus direkt aus der Medienbibliothek heraus mit Musik füllen.

Wie beim Windows Media Player gilt, dass das Erstellen oder das Löschen von Playlisten keinen Einfluss auf die Originaldateien und deren Speicherorte haben.

Üblicherweise sind die Mediaplayer hinsichtlich ihrer Einstellungen und Wiedergabelisten nicht untereinander kompatibel. Wenn man sich einmal für ein Programm entschieden hat, bleibt man in der Regel dabei. Andernfalls muss man beim neuen Mediaplayer alle Wiedergabelisten nochmals neu erstellen.

Winamp bietet aber eine einfache Möglichkeit, bereits erstellte Playlisten von iTunes zu übernehmen. Alle Optionen findet man bei Klick auf die Schaltfläche «**Medienbibliothek**» unten links. Gleich nach dem ersten Start von Winamp wird diese Möglichkeit sogar automatisch angeboten.

An sich kann man mit dem Gerätemanager der aktuellen Winamp-Version auch Apple-Geräte synchronisieren, sodass man von iTunes unabhängig ist. Wie die Er-

Winamp: Bietet die Möglichkeit, bereits bestehende Playlisten von iTunes zu übernehmen.

fahrung zeigt, gibt es allerdings keine Garantie, dass iPod & Co. von Winamp erkannt werden und somit in der linken Spalte unter «Geräte» aufscheinen.

Mit Winamp lassen sich auch Dateiformate umwandeln – etwa von AAC zu MP3. Ein Rechtsklick auf eine Datei, eine Playlist oder ein Musikalbum öffnet ein Fenster, in dem eine der Optionen «Senden an» lautet. Hier haben Sie unter anderem die Wahl, die Dateien an den «Formatkonverter» zu senden und sie umwandeln zu lassen.

iTunes (Mac und PC)
■ **Musikbibliothek:** In Mac-Computern speichert iTunes die Mediathek in der «Library». In PCs wird im Ordner «Eigene Musik» automatisch ein iTunes-Ordner angelegt, der unter anderem die Mediathek – also die Musiksammlung – enthält.

Alle Musikdateien, die man zur Mediathek hinzufügt (Option unter dem Menüpunkt «Datei»), werden dorthin kopiert. Die Titel können

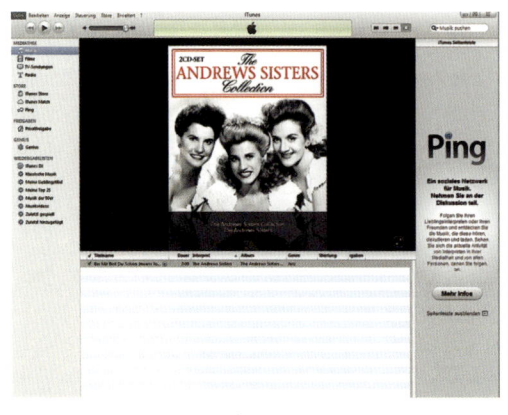

iTunes: Ist mit dem iTunes Store von Apple und dem sozialen Netzwerk für Musik «Ping» verbunden.

> **TIPP**
>
> ### Jedem iTunes-Nutzer seine eigene Bibliothek
>
> Nutzen mehrere Familienmitglieder den gleichen Computer, sollte man mehrere Musikbibliotheken haben. Denn der Musikgeschmack der Teenies verträgt sich möglicherweise schlecht mit jenem der älteren Generation.
>
> Die Lösung: Beim Start von iTunes die Umschalt-Taste gedrückt halten (Alt-Taste beim Mac). Danach kann man eine neue Musikbibliothek in einem neuen Ordner erstellen und zwischen den verschiedenen Bibliotheken wechseln.
>
> **Wichtig:** Merken Sie sich vor dem Erstellen einer neuen Bibliothek, wo sich die alte Bibliothek auf der Festplatte befindet!

danach von ihrem Originalspeicherplatz gelöscht werden. Zumindest ist dies im Hinblick auf die Verwaltung beziehungsweise auf das Sichern der Musiksammlung die sinnvollste Variante. Damit dies aber korrekt funktioniert, müssen Sie die entsprechenden Einstellungen vornehmen.

Den Menüpunkt «Einstellungen» finden Sie in der Mac-Version von iTunes 11 unter «iTunes», beim PC im Menüsymbol oben links. Unter «Erweitert» haken Sie folgende Optionen an: «**iTunes-Medienordner automatisch verwalten**» sowie «**Beim Hinzufügen zur Mediathek Dateien in den iTunes-Medienordner kopieren**».

Der Ordner «iTunes Media», der die Musikdateien enthält, muss nicht zwingend auf dem Computer gespeichert sein. Er kann auch auf einer externen Festplatte liegen.

Importierte Musik finden Sie in der «**Mediathek**» unter «**Musik**». Für eine bessere Übersicht gibt es unter den standardmässig vorhandenen Wiedergabelisten auch eine sehr praktische namens «**Zuletzt hinzugefügt**».

■ **Wiedergabelisten:** Unter dem Menüpunkt «**Neu**» (bei Mac unter «**Ablage**») können Sie eine neue Wiedergabeliste erstellen, in die Sie mit dem Mauszeiger einfach die gewünschten Titel aus der Wiedergabeliste «**Zuletzt hinzugefügt**» oder aus der Musik-Mediathek hinzufügen.

Wer sehr viele Wiedergabelisten oder mehrere Alben desselben Künstlers in iTunes gespeichert hat, verliert schnell einmal den Überblick. Hier schafft folgender Tipp Abhilfe: Unter «**Datei**» können Sie einen «**Wiedergabeliste-Ordner**» erstellen und mit dem Mauszeiger mehrere Wiedergabelisten in den Ordner ziehen.

Auch bei iTunes haben Änderungen an einer Wiedergabeliste keine Auswirkungen auf das Original. Beim Löschen eines Titels werden Sie gefragt, ob Sie die Musik nur aus der Wiedergabeliste entfernen oder vom Computer löschen möchten. Am besten belassen Sie die Einstellungen so, dass dieses Fenster jedes Mal auftaucht.

iTunes kann nur Geräte von Apple verwalten. Sie können aber trotzdem die Musik auf einem Gerät eines Drittherstellers abspielen. Gehen Sie folgendermassen vor: Ziehen Sie einen oder mehrere Musiktitel aus einer Wiedergabeliste oder aus der Mediathek auf den Desktop oder einen beliebigen Ordner im Explorer-Fenster. So wird automatisch eine Kopie der Dateien erstellt. Diese können Sie nun im Windows Explorer manuell auf einen an den PC angeschlossenen MP3-Player kopieren.

2
Musik verwalten

TIPP

Musik aus dem iTunes Store in MP3 umwandeln

Apples iTunes erstellt und verwaltet Musik im AAC-Format. Diese Dateien sind an der Erweiterung «.m4a» zu erkennen. AAC liefert trotz stärkerer Komprimierung bei gleicher Datenrate bessere Qualität als MP3. Für Abspielgeräte, die nicht von Apple stammen, ist dieses Format aber oft unlesbar.

Es ist jedoch möglich (nicht kopiergeschützte) AAC-Dateien ins MP3-Format umzuwandeln (und umgekehrt). Klickt man einen in der Bibliothek vorhandenen Titel mit der rechten Maustaste an, erscheint der Befehl «MP3-Version erstellen». Die so konvertierten Songs finden sich danach im Dateiordner der iTunes-Bibliothek.

Wenn Sie AAC-Dateien importieren, können Sie das Format gleich auf MP3 festlegen. Dazu muss man «Einstellungen/Importeinstellungen/Importieren mit MP3-Codierer» anwählen. Das funktioniert auch beim Überspielen von CDs, aber nicht für Titel, die man direkt im iTunes-Store kauft.

3 Musik und Bilder sicher speichern
Externe Kopien schützen vor Verlust

Die Festplatte des Computers ist kein sicherer Ort für Musik- und Bildarchive. Das Risiko, alle Daten zu verlieren, ist sehr hoch. Deshalb: Machen Sie regelmässig Sicherheitskopien auf einen externen Speicher.

Es kann ganz schnell passieren: Die Festplatte funktioniert nicht mehr, der Laptop wird gestohlen, ein Virus zerstört das Betriebssystem, der PC wird durch Feuer oder Wasser beschädigt – und auf einen Schlag sind alle Daten weg.

Da hilft es auch nicht, dass Sie die Musik auf Ihrem PC laufend mit dem iPad synchronisieren. Denn weder iTunes noch der Windows Media Player verwaltet die Musik in identischer Form auf mehr als einem Computer. Wiedergabelisten, Bewertungen usw. werden nämlich lokal gespeichert (siehe Seite 26 f.).

Musik und Bilder regelmässig extern sichern

Zwar gibt es die Möglichkeit, die Wiedergabelisten zu exportieren, aber eine regelmässige Kopie des kompletten Datenbestandes ist beim Synchronisieren nicht vorgesehen. Das bedeutet: Sie müssen sich selber um die Datensicherung kümmern.

Dasselbe gilt natürlich auch fürs digitale Fotoarchiv. Mehr noch: Musiktitel kann man sich allenfalls ein zweites Mal beschaffen. Ihre persönlichen Bilder hingegen sind für immer weg – ausser Sie haben mit einer Sicherungskopie vorgesorgt.

Systemabbild: Rettung in höchster Not

Grundsätzlich sollten Sie gleich nach dem erstmaligen Hochfahren eines neu gekauften Computers ein Systemabbild (oder «Image») sowie einen Systemreparaturdatenträger erstellen. Damit lässt sich der Computer nach einem Festplattendefekt oder einem Virenbefall in den Urzustand zurückversetzen.

Auch wenn der Computer bereits längere Zeit in Gebrauch ist, sollten Sie in regelmässigen Abständen ein Systemabbild erstellen. Es kann die Rettung in der Not sein, weil die Festplatte 1:1 gespiegelt wird und auch alle installierten Programme und Einstellungen erhalten bleiben.

Bei modernen Betriebssystemen ist das Werkzeug zum Sichern des Systems bereits integriert. Alternativ kann man auch eine externe Software verwenden. Als Sicherungsmedium verwenden Sie am besten eine externe Festplatte, weil nur sie ausreichend Speicherplatz bietet.

Vista und Windows XP

Bei Windows Vista befindet sich die Funktion unter «**Start/Systemsteuerung/Sicherung des Computers erstellen**», unter Windows XP unter «**Programme/Zubehör/Systemprogramme/Sicherung**».

Allerdings beschränkt sich die Sicherung in Windows Vista und XP auf wichtige Dateien und Einstellungen. Die bordeigenen Mittel sind aber nicht in der Lage, ein Abbild der Festplatte zu erstellen.

Hier empfiehlt sich die Verwendung einer kostenpflichtigen Software wie zum Beispiel **Acronis True Image** (www.acronis.de).

Windows 7 und 8
Unter Windows 7 erstellt man ein Systemabbild unter «Start/Systemsteuerung/Sicherung des Computers erstellen».

Unter Windows 8 existiert die Funktion ebenfalls, sie ist jedoch gut versteckt: Gehen Sie in die «Systemsteuerung» und klicken Sie auf den kleinen Abwärtspfeil in der Adresszeile. Hier wählen Sie «Alle Systemsteuerungselemente». Klicken Sie auf «Windows 7-Dateiwiederherstellung». In der linken Spalte sehen Sie die Menüpunkte, um ein Systemabbild und einen Systemreparaturdatenträger zu erstellen.

Apple
Denkbar einfach gestaltet sich die Datensicherung bei Mac-Rechnern. Seit OS X 10.5 ist das Backup-Programm **Time Machine** ins Betriebssystem integriert. Damit kann man ohne Aufwand das komplette System mit allen Musiktiteln, Fotos, Daten und Einstellungen sichern.

Backup: Wichtige Daten regelmässig sichern
Zusätzlich zum Systemabbild sollten Sie auch regelmässig Sicherungskopien (Backups) der wichtigsten Dateien erstellen – von Dokumenten und natürlich auch von Fotos und Musikdateien. Wahlweise kann man dafür die er-

---

IN DIESEM KAPITEL

- 24 Systemabbild: Rettung in höchster Not
- 25 Backup: Wichtige Daten regelmässig sichern
- 26 Musiksammlung: Wiedergabelisten und individuelle Einstellungen sichern
- 28 Musik auf einen anderen Computer übertragen
- 29 Speichermedien: Festplatte, CD/DVD, Flash-Speicher und Online-Speicher

3 Musik und Fotos sicher speichern

---

wähnten Bordmittel von Windows verwenden oder zu kostenloser Software greifen.

Sie können Ihre Musiktitel und Fotos auch manuell kopieren, indem Sie diese mit der Maus auf ein anderes Speichermedium ziehen. Hier müssen Sie allerdings selber den Überblick behalten, welche Dateien Sie bereits kopiert haben.

Sichern mit «Personal Backup»
Die Windows-Bordmittel funktionieren an sich zufriedenstellend. Sie erstellen ein Backup, das bei Bedarf auf den Computer zurückgespielt werden kann. Das einzige Manko ist, dass man nicht direkt auf die gesicherten Dateien zugreifen kann. So ist es zum Beispiel nicht möglich, die externe Festplatte mit dem Backup mitzunehmen, um Freunden die Fotosammlung zu zeigen. Windows teilt die Dateien nämlich in Portionen auf und legt sie in komprimierten ZIP-Ordnern ab.

Als Alternative bietet sich das Gratisprogramm **Personal Backup** (aktuelle Version 5) an (http://personal-backup.rathlev-home.de).

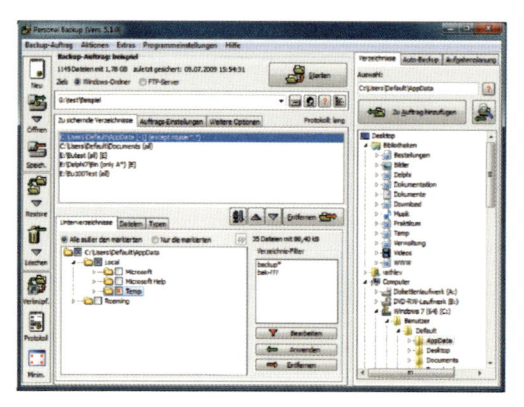

Personal Backup: Das Gratisprogramm sichert persönliche Dateien einfach, schnell und platzsparend.

Diese Software erstellt ebenfalls ein automatisch wiederherstellbares Backup. Der Vorteil: Man kann jederzeit auf die Dateien zugreifen. Die einzige Bedingung ist, dass Sie beim Einrichten der Software die Optionen «Als Einzeldateien sichern» sowie «Kopieren ohne Kompression» anklicken.

Sicherungsaufträge einrichten

Personal Backup 5 verfügt über einen einfachen und übersichtlichen Datensicherungs-Assistenten. Er hilft dabei, einen oder mehrere Sicherungsaufträge einzurichten. Den Assistenten starten Sie durch Klick auf «**Neu/Starte Assistenten**». Danach wählen Sie das Zielverzeichnis auf einer (eigens dafür reservierten) externen Festplatte. Nach Klick auf «**Weiter**» wählen Sie mittels «**Anderes Verzeichnis**» den übergeordneten Ordner, den Sie sichern wollen.

Danach folgen die bereits erwähnten Einstellungen «**Einzeldateien**» und «**ohne Kompression**». Auf der linken Seite klicken Sie dann noch auf «**Originale vollständige Verzeichnisstruktur**».

Im nächsten Fenster sehen Sie, dass das Programm die Möglichkeit bietet, bis zu 16 voneinander unabhängige Sicherungsaufträge zu verwalten. Hier können Sie auch festlegen, ob und zu welchem Zeitpunkt das Programm automatisch sichern soll oder ob Sie den Auftrag jedes Mal manuell starten.

Manuelles Sichern ist bei Fotos und Musikdateien in der Regel sinnvoller, weil die externe Festplatte vermutlich nicht ständig am PC hängt und man im Normalfall ja auch nicht laufend neue Musik und Bilder auf den PC überspielt. So bindet man weniger Ressourcen am PC, weil das Programm nicht unnötigerweise in Aktion tritt.

Personal Backup 5 ist so eingerichtet, dass es beim Sichern nach Neuerungen oder Änderungen sucht und nur diese überträgt. Das Löschen von Originaldateien hat keine Auswirkungen auf die gesicherten Dateien. Dies wäre zwar ebenfalls möglich, aber diese Einstellungen sind etwas heikel und könnten schlimmstenfalls zum Verlust von Daten führen.

Musiksammlung vollständig sichern

Die Musiksammlung auf dem Computer ist weit mehr als die Summe ihrer Audiodateien. Wenn man seine Musiksammlung mit iTunes oder Windows Media Player verwaltet, sind in der Regel auch Wiedergabelisten vorhanden. Vielleicht hat man mit viel Aufwand von Hand fehlende ID3-Tags ergänzt (siehe Kasten Seite 10) und die einzelnen Stücke bewertet.

Deshalb genügt es nicht, nur die Musikdateien zu sichern. Auch die individuellen Einstellungen, zu denen die Wiedergabelisten gehören, müssen Sie bei einem Backup berücksichtigen. Wo diese Informationen gespeichert sind, ist je nach Mediaplayer oder Betriebssystem verschieden.

Ähnliches gilt für die Metadaten von Bilddateien (siehe Seite 52). Auch hier ist der Speicherort abhängig vom Betriebssystem und von der Verwaltungssoftware. Details dazu lesen Sie im Kapitel 6 ab Seite 46.

Windows Media Player

Die Musikdateien und die Wiedergabelisten sind im Ordner «Eigene Musik» gespeichert. Die Datenbank befindet sich aber an einem anderen Ort:
- **Bei Windows XP** unter «C:\Dokumente und Einstellungen\(Benutzername)\Lokale Einstellungen\Anwendungsdaten\Microsoft\Media Player»
- **bei Windows Vista, 7 und 8** unter «C:\Benutzer\(Benutzername)\AppData\Local\Microsoft\Media Player».

Sichern Sie diesen Ordner. Er enthält unter anderem die essenzielle Datenbankdatei «CurrentDatabase».

Sollten Sie nicht alle genannten Ordner finden, können Sie am PC einstellen, dass auch «versteckte» Ordner sichtbar sind (siehe Kasten oben).

> **TIPP**
>
> ### Alle Ordner sichtbar machen
>
> Manche Ordner erscheinen nicht im Windows Explorer. Das lässt sich ändern:
> **Windows XP und Vista:** Klicken Sie in der Explorer-Menüleiste auf «Extras/Ordneroptionen/Ansicht» und markieren Sie im Fenster «Versteckte Ordner und Dateien/Alle Ordner und Dateien anzeigen».
> **Windows 7:** Im Explorer erscheint die Menüleiste nach Drücken der Alt-Taste.
> **Windows 8:** «Ansicht/Ein-/ausblenden/Ausgeblendete Elemente/(Häkchen setzen)».

Winamp

Für Winamp gelten ähnliche Bedingungen wie für den Windows Media Player. Die Musikdateien liegen im Ordner «Eigene Musik». Die individuellen Einstellungen und Wiedergabelisten finden Sie je nach Betriebssystem an folgenden Orten:
- **Bei Windows XP** unter «C:\Dokumente und Einstellungen\(Benutzername)\Lokale Einstellungen\Anwendungsdaten\Winamp»
- **bei Vista und Windows 7** unter «C:\Benutzer\(Benutzername)\AppData\Local\Winamp»
- **bei Windows 8** unter «C:\Benutzer\(Benutzername)\AppData\Roaming\Winamp».

Diesen Winamp-Ordner sollten Sie sichern, wobei die Playlisten innerhalb dieses Ordners in den Unterordnern «Plugins\ml» versteckt sind. Ihre Dateinamen beginnen mit «plf».

Falls Sie die Ordner im Explorer-Fenster nicht finden können, gehen Sie so vor wie im Kasten oben beschrieben.

iTunes

Bei iTunes ist das Sichern einfach, weil das Programm eine eigene Mediathek anlegt, welche die Musik plus das gesamte «Zubehör» umfasst. Voraussetzung ist aber, dass unter «**Bearbeiten/Einstellungen/Erweitert**» die Option «**iTunes-Medienordner automatisch verwalten**» aktiviert ist.

■ **Am PC** finden Sie unter «**Eigene Musik**» den Ordner «**iTunes**». Wenn Sie Ihre Musiksammlung sichern wollen, kopieren Sie einfach den kompletten iTunes-Ordner. Falls die Daten durch einen Computercrash verloren gehen sollten, können Sie den Ordner einfach wieder an dieselbe Stelle zurückkopieren.

■ **Bei Mac** liegt der iTunes-Ordner unter «**Benutzer/Benutzername/Musik**». Auch diese Dateien werden automatisch bei einem Backup mit Time Machine gesichert (siehe Seite 25).

Musik auf einen anderen Computer übertragen

Um die gesamte Musiksammlung auf einen neuen Computer zu übertragen, gibt es zwei Möglichkeiten: Sie können die gesicherten Dateien im Verzeichnis an die richtige Stelle kopieren (siehe Kasten Seite 29), oder – der einfachere und sicherere Weg: Sie nehmen ein Spezialprogramm zu Hilfe, das die Arbeit für Sie erledigt.

Migrationsassistent auf Mac

Im Betriebssystem des Mac ist ein Migrationsassistent integriert. Er dient dazu, Daten, Programme sowie die Einstellungen von Benutzerkonten auf das neue Gerät zu übertragen. Dazu benötigen Sie lediglich ein Firewire-Kabel oder eine Netzwerkverbindung. Eine Anleitung dazu bietet Apple unter http://support.apple.com/kb/PH6524?viewlocale=de_DE.

Windows-EasyTransfer

Für Windows bietet sich **Windows-EasyTransfer** an. Auch damit lassen sich Dateien und Einstellungen von Benutzerkonten übertragen. Nur die Programme selbst müssen Sie auf dem neuen PC neu installieren.

In Vista und Windows 7 ist Windows-EasyTransfer bereits integriert («**Start/Alle Programme/Zubehör/Systemprogramme**»), ebenso in Windows 8 (unter «**Windows System**»). Für Win XP gibt es das Programm auf www.microsoft.com/de-ch/download.

Die Übertragung kann mit einem speziellen EasyTransfer-Kabel,

---

TIPP

iTunes Music Library regelmässig sichern

Wenn Sie Ihre Musiksammlung in iTunes nicht regelmässig sichern, sollten Sie wenigstens ein einziges Dokument bevorzugt behandeln: die Datei **iTunes Music Library.xml**. Sie befindet sich im iTunes-Ordner und repräsentiert das Herz der Musikbibliothek. In ihr sind all die Wiedergabelisten, Kommentare, Bewertungen und mehr gespeichert, die Sie erstellt haben.

Kopieren Sie deshalb die iTunes Music Library in regelmässigen Abständen auf ein externes Medium. Wenn diese Datei beschädigt wird, ist die ganze Arbeit verloren, die Sie vielleicht während Jahren in die Musikorganisation gesteckt haben.

Dateien verschieben – ein heikles Manöver

Das Verschieben der Musikdateien an einen anderen Speicherort – egal ob innerhalb des Computers oder auf einer externen Festplatte – ist beim Windows Media Player und bei Winamp nicht vorgesehen. Wenn Sie die Daten auf eine andere Festplatte übertragen, müssen Sie alle Elemente wieder den passenden Verzeichnissen zuordnen und am selben Speicherort wie früher ablegen. Das ist wichtig, damit der Mediaplayer sie anhand des angegebenen Dateipfades wiederfindet (also z.B. **C:\Users\(Benutzername)\Eigene Musik\The Beatles\Let it Be\.mp3**).

Es ist zwar möglich, mit dem «Editor» den Dateipfad für jeden Titel entsprechend dem neuen Speicherort zu ändern. Wer sich mit Computern nicht so gut auskennt, der lässt es aber besser bleiben. Im schlimmsten Fall funktionieren danach die Wiedergabelisten nicht mehr richtig.

Im Gegensatz zum Windows Media Player und Winamp bietet iTunes die Möglichkeit, die gesamte Mediathek in ein anderes Verzeichnis oder auf eine andere Festplatte zu verschieben. Dabei werden die Musik und alle damit verbundenen Verknüpfungen verschoben, nicht kopiert.

Klicken Sie auf «**Bearbeiten/Einstellungen/Erweitert**» und legen Sie mit Klick auf die Schaltfläche «**Ändern**» einen anderen Speicherort für «iTunes Media» fest, indem Sie den gewünschten Ordner anwählen. Wenn Sie die Sicherheitsabfrage mit «Ja» bestätigen, erledigt iTunes die restliche Arbeit.

3 Musik und Fotos sicher speichern

kabellos über das Heimnetzwerk oder via externer Festplatte erfolgen. Der Weg über die Festplatte ist die beste Lösung, denn die Übertragung übers Netzwerk ist langsamer und fehleranfälliger. So muss man auch kein Spezialkabel kaufen, das man vermutlich nur einmal verwendet.

Windows-EasyTransfer macht seinem Namen alle Ehre, denn die Verwendung ist auch für Laien wirklich «easy»:

Starten Sie das Programm zunächst auf dem alten PC, dem Quellcomputer, und folgen Sie den Anweisungen. Wenn der Speichervorgang auf der externen Festplatte abgeschlossen ist, stecken Sie diese an den neuen PC, den Zielcomputer, und starten dort Windows-EasyTransfer.

Wählen Sie über das Explorer-Fenster die EasyTransfer-Datei, die sich auf der externen Festplatte befindet. Sie können nun selber entscheiden, was letztlich auf den neuen PC übertragen werden soll.

Speichermedien: Von der Festplatte bis zur Wolke

Wer elektronische Daten sichern will, hat viele Möglichkeiten. Bedenken sollte man aber: Kein Datenträger hält ewig. Darum sollte man wichtige Daten immer mehrfach, am besten auf unterschiedlichen Datenträgern, speichern. Um für alle denkbaren Katastrophen vorzusorgen, kann man die Speichermedien an verschiedenen Orten aufbewahren.

Magnetische Festplatten

Die externen Festplatten gehören heute zu den wenigen Geräten in der Unterhaltungselektronik, die noch mechanisch arbeiten. Die

Daten werden auf die Oberfläche einer rotierenden Scheibe geschrieben. Viele externe Festplatten speichern heute mehrere Terabyte.

- **Vorteile**: Sie bieten viel Speicherplatz für verhältnismässig wenig Geld.
- **Nachteile**: Festplatten sind vielfach gross und schwer. Ihre Lebensdauer ist beschränkt. Sie reagieren insbesondere auf Erschütterungen empfindlich.
- **Geeignet**: Zur Sicherung grosser Datenmengen.
- **Lebensdauer**: Die Lebensdauer liegt bei etwa fünf Jahren. Wichtig ist, dass die Festplatte nicht Erschütterungen, grossen Temperaturschwankungen, Feuchtigkeit und Magnetfeldern ausgesetzt ist. Zudem kann ein Virus Daten auf einer Festplatte unbrauchbar machen. Tipp: Virusprogramm regelmässig aktualisieren. Ein gutes Gratisprogramm ist zum Beispiel Avira Antivir (www.avira.com/de/index).
- **Preis**: Externe Festplatten sind pro Gigabyte Speicher das günstigste Speichermedium. Heute sind im Handel Festplatten mit 2 Terabyte Speicherkapazität für unter 100 Franken erhältlich. Das heisst: Pro Gigabyte zahlt man nur rund 4 Rappen.

CDs und DVDs

Zu den optischen Speichermedien gehören die bekannten CDs und DVDs. Sie heissen so, weil sie mittels optischer Abtastung durch einen Laserstrahl gelesen oder beschrieben werden. Auf einer CD haben rund 700 Megabyte Platz, auf einer DVD bis 4,7 Gigabyte.

- **Vorteile**: Sie können problemlos transportiert werden.
- **Nachteile**: Optische Speichermedien sind anfällig für äussere Einflüsse und werden schnell unbrauchbar. Die Daten müssen auf die Scheiben gebrannt werden, was mehr Zeit braucht als das Speichern auf anderen Medien.
- **Geeignet**: CDs und DVDs sind geeignet, um kleinere Datenmengen zu speichern und weiterzugeben – da sie günstig sind, ist es nicht so schlimm, wenn der Datenträger nicht zurückkommt.
- **Lebensdauer**: Selbstgebrannte CDs und DVDs sind häufig nach fünf bis zehn Jahren nicht mehr lesbar. Licht, Temperaturschwankungen oder Kratzer können die Silberlinge zerstören.
- **Preis**: Abhängig von der Qualität zahlt man für eine DVD im Multipack pro Gigabyte Speicher lediglich zirka 8 Rappen.

Flash-Speichermedien

Flash-Speichermedien sind digitale Speicherchips. Zu dieser Kategorie gehören USB-Sticks, Speicherkarten oder externe sogenannte SSD-Festplatten (Solid State Drive). Es gibt Flash-Speichermedien in fast jeder Grösse, von wenigen Megabyte bis 512 Gigabyte.

- **Vorteile**: Sie sind robust, brauchen wenig Platz und Energie. Die Daten lassen sich schnell speichern.
- **Nachteile**: Sie sind verhältnismässig teuer. Die Speicherzellen

sind nach einer gewissen Anzahl Löschzyklen defekt.
■ **Geeignet**: Für alle Daten, die transportiert werden müssen. Gut zur Übertragung von Daten von einem Gerät zum andern.
■ **Lebensdauer**: Sie sollten mindestens zehn Jahre ihren Dienst tun. Sie sind jedoch anfällig für elektrostatische Entladungen.
■ **Preis**: Flash-Speicher sind etwas teurer als CDs und Festplatten. Je mehr Speicherplatz man auf kleinem Raum möchte, desto mehr zahlt man. Bei USB-Sticks mit 32 Gigabyte Speicher finden sich Angebote, die pro Gigabyte rund 35 Rappen kosten. Ein USB-Stick mit 512 Gigabyte Speicher kostet gegen 800 Franken und damit über Fr. 1.50 pro Gigabyte.

Eine SSD-Festplatte mit 512 Gigabyte Speicher kostet 350 Franken.

Speicher im Internet
Hier liegt kein physisches Speichermedium vor, vielmehr wird Speicherkapazität von vielen einzelnen Computern innerhalb eines professionellen Rechennetzes genutzt (in der Fachsprache «Wolke» oder «Cloud» genannt). Entsprechende Angebote gibt es Hunderte – von Google, Microsoft und Apple bis zu Schweizer Unternehmen wie Wuala.com. Es gibt Abos mit 2 Terabyte Speicher und mehr.
■ **Vorteile**: Cloud-Computing bietet sehr viel Speicherplatz. Die Daten sind von jedem Gerät mit Internetanschluss aus abrufbar. Es besteht eine geringe Gefahr von Datenverlust.

■ **Nachteile**: Die Daten sind in fremder Hand. Bei grossen Datenmengen muss man mit hohen und wiederkehrenden Kosten rechnen.
■ **Geeignet**: Zum Sichern grosser Datenmengen und zum Teilen von Inhalten mit Dritten.
■ **Lebensdauer**: Abhängig von der Seriosität der gewählten Firma.
■ **Preise**: Es gibt kostenlose Angebote, die meist bis 5 Gigabyte Speicherplatz zur Verfügung stellen (einen Überblick der Gratisangebote findet man auf www.cloudsider.com/kostenlos/online-festplatte-kostenlos.html).

Für mehr Daten wird es teuer: Die Firma **Dropbox** verlangt für 100 Gigabyte Speicherplatz umgerechnet rund 9 Franken pro Monat. In fünf Jahren macht das 540 Franken. Etwas günstiger ist Microsofts Angebot **Skydrive**. 100 Gigabyte bezahlter Speicherplatz kostet in fünf Jahren 215 Franken.

Apple bietet einen speziellen Cloud-Dienst für Musik an – **iTunes Match** genannt. Dort werden alle Titel gespeichert, die man im iTunes Store gekauft hat, aber auch alle anderen Songs, die man von irgendeiner Quelle nach iTunes importiert hat. Die Musik kann man mit jedem Apple-Gerät online abspielen (siehe Seite 37 f.).

Sie können iTunes Match im Programm iTunes aktivieren. Das Standardabo kostet 35 Franken pro Jahr.

Ähnlich funktioniert der **Cloud Player** von Amazon. Das Premium-Abo kostet ebenfalls rund 35 Franken pro Jahr, (www.amazon.de → MP3 & Cloud Player).

4 Musik wiedergeben
Unterhaltung in jedem Raum

Vor zehn Jahren waren für Musik noch das Radio und silberne CD-Scheiben zuständig. Inzwischen spielt die Musik überall: Computer, tragbare Abspielgeräte und das universelle Musikformat MP3 machen es möglich.

Natürlich können Sie Ihre Musik direkt am PC hören. Sie können auch den Laptop oder ein mobiles Abspielgerät mit Ihrer Musiksammlung an die Stereoanlage anschliessen. Diese Lösungen sind sehr einfach – allerdings spielt dann die Musik nur dort, wo der Computer beziehungsweise die Stereoanlage steht.

Die komfortablere Variante: Sie richten ein Multimedia-Heimnetzwerk ein. So kann jeder Bewohner in jedem Zimmer seine Lieblingsmusik hören, im digitalen Fotoalbum stöbern oder Videos anschauen.

Heimnetzwerk: Ideal für Musik, Fotos und Videos

Kernstück des Netzwerks ist eine Festplatte – ein sogenannter Medienserver –, auf der alle Daten zentral gespeichert sind. Daneben braucht es einen Router, der allen Geräten, die ins Netzwerk eingebunden sind, den Zugriff auf die Musikbibliothek und andere Daten ermöglicht.

Der PC als Medienserver

Grundsätzlich kann jeder Windows-PC oder Mac auch als Server im Netz stehen. Man kann Daten hinzufügen, für bestimmte Benutzer freigeben oder mit einem Passwort schützen. Den Computer verbindet man via Ethernet-Kabel direkt mit dem Router und damit mit allen anderen Geräten im Netzwerk. Nun hat man von jedem angeschlossenen Gerät Zugang zur digitalen Medienbibliothek.

■ **Unter Windows** geschieht das Einrichten einer Heimnetzgruppe im Menü «Systemsteuerung» unter den Punkten «Netzwerk und Internet» und «Heimnetzgruppe». Hier können Sie die Musik- und anderen Mediendateien für andere Computer freigeben. Unter Windows XP und Windows Vista muss man eine «Arbeitsgruppe» erstellen. Näheres dazu finden Sie im Hilfsprogramm von Windows.

■ **Auf Mac-Computern** ist ein öffentlicher Briefkasten eingerichtet. Damit lassen sich Dateien teilen. Wer komplexere Zugriffsmöglichkeiten einrichten will, kann auf dem Mac unter «Systemeinstellungen» und «Freigabe» beliebig Ordner, Drucker und Dokumente freigeben.

Apple-User können Musik und Videos auch via AirPlay oder mit Apple TV drahtlos auf andere Geräte wie Lautsprecher, Stereoanlage oder Fernseher übertragen (siehe Seite 35 f.).

Netzwerkfähige Festplatte

Doch das Verwenden eines Computers als zentralen Server hat gewichtige Nachteile: Er muss immer eingeschaltet sein, damit andere Geräte jederzeit auf die Daten zugreifen können. Dabei altert die Hardware nicht nur schneller, das verursacht auch recht hohe Stromkosten. Hinzu kommt, dass das Konfigurieren eines Netzwerks am PC für ungeübte Anwender recht kompliziert ist.

Die beste und komfortabelste Lösung ist eine netzwerkfähige Festplatte (NAS). Solche Geräte sind leise und verbrauchen im Dauerbetrieb weniger Strom als ein PC, der als Server dient. Eine NAS-Netzwerkfestplatte mit einem Terabyte Speicherkapazität kostet um die 150 Franken.

Eine netzwerkfähige Festplatte ist besonders dann empfehlenswert, wenn man von anderen Geräten auf gespeicherte Fotos, Filme und Musik zugreifen möchte.

Die Festplatte verbindet man via Ethernet-Kabel mit dem Router und damit mit allen angeschlossenen Geräten im Netzwerk. Nun hat man von jedem dieser Geräte Zugang zur Medienbibliothek und allen andern gespeicherten Daten.

Der Router als Knotenpunkt

Um den Datenverkehr zwischen verschiedenen Geräten und dem Server zu regeln, benötigt man einen Knotenpunkt. Das ist der Router. Oft erhält man vom Internetanbieter ein Gratis-Modem mit Routerfunktion bei Abschluss eines Abos. In der Regel lassen sich dann bis sechs Geräte per Kabel an den Router anschliessen.

Mehr Flexibilität bietet ein WLAN-Router. Er ermöglicht mehreren – auch räumlich getrennten Geräten – drahtlosen Zugang zum Internet und zum Server. Den WLAN-Sender kann man bei Bedarf deaktivieren.

IN DIESEM KAPITEL

32 So richten Sie ein Heimnetzwerk ein: PC oder Festplatte als Netzwerkserver
33 Vernetzung per Kabel oder per Funk
34 Netzwerkfähige Abspielgeräte
35 AirPlay und Apple TV
36 Cloud-Dienste: Musik aus der Wolke

Schnelle und störungssichere Funk-Router, die man einfach einrichten kann, gibt es ab 60 Franken.

Vernetzung per Funk oder Kabel

Damit die Geräte im Netzwerk auf die Serverdaten zugreifen können, müssen sie mit dem Router verbunden sein. Dafür gibt es drei Möglichkeiten:

■ **Funk:** Ein drahtloses Netzwerk (Wireless LAN) bietet maximale Flexibilität. Mit dem Laptop oder Tablet auf der Terrasse surfen oder das Internetradio im Bad aufstellen: mit WLAN kein Problem. Jedes WLAN-fähige Gerät kann sich über ein Passwort einfach ins Funknetzwerk einwählen.

Nachteile: Ein Funknetz ist störungsanfälliger als ein verkabeltes Netzwerk und verursacht Elektrosmog. Mit zunehmender Entfernung nimmt die Leistung ab. Allenfalls muss man das Funknetz mit einem zweiten Sender verstärken.

■ **Ethernet-Kabel:** Wer mehr Reichweite benötigt oder Elektrosmog vermeiden will, kann die Geräte auch mit Ethernetkabeln verbinden. Man steckt zentral den Router ein und verbindet jedes Gerät in jedem Zimmer mit einem Kabel an der Ethernet-Steckdose.

Allerdings: Selten sind bereits Ethernet-Leitungen vorhanden. Sie nachträglich in den Wänden zu verlegen, ist aufwendig und teuer. Zudem ist man mit den Geräten ortsgebunden.

■ **Stromleitung:** Einen Kompromiss bietet die Datenübertragung über bestehende Stromleitungen mit Powerline-Adaptern. Powerline-Netzwerke sind einfach einzurichten. Man steckt die Adapter in die Steckdose und verbindet die Endgeräte mittels Netzwerkkabel.

Nachteile: Wie beim Kabelnetzwerk ist man an Steckdosen gebunden. Die Datenmenge pro Sekunde nimmt mit zunehmender Distanz ab. Und: Für jedes Gerät muss man einen eigenen Adapter kaufen. Einsteiger-Sets mit zwei Adaptern kosten je nach Übertragungsgeschwindigkeit zwischen 50 und 150 Franken.

TIPP

Zukunftssichere Geräte

Elektronische Geräte wie Computer, Smartphones und Fernseher entwickeln sich rasant. Und immer öfter werden sie ins heimische Netzwerk eingebunden. Damit das Zusammenspiel reibungslos funktioniert, müssen sie sich untereinander verstehen.

Achten Sie beim Kauf von Heimelektronik darauf, dass das Gerät die Standards der Digital Living Network Alliance (DLNA) erfüllt. Alle Geräte mit dem DLNA-Logo können im Netzwerk miteinander kommunizieren und kommen mit den gängigsten Datenformaten zurecht.

Netzwerkfähige Abspielgeräte

Nicht nur Computer lassen sich mit der NAS-Festplatte verbinden. Auch Radios, Stereoanlagen, und TV-Geräte können auf die gespeicherten Daten zugreifen und sie in jedem Raum abspielen. Allerdings müssen diese Geräte netzwerkfähig sein.

Günstige netzwerkfähige Abspielgeräte wie das Terratec Noxon iRadio und Freecom MusicPal sind bereits ab 150 Franken zu haben. Ab rund 200 Franken gibt es Abspielgeräte mit deutlich besserem Klang, zum Beispiel Logitech Squeezebox, Philips NP2500, Pioneer XW-NAC3 und Sonos S5.

Je nach Bauart verfügen solche Geräte über einen Lautsprecher, oder sie werden an die Stereoanlage angeschlossen. Die meisten Abspielgeräte dienen zugleich als Internetradios.

Bedient werden die Abspielgeräte über Anzeigen und Tasten am Gerät oder mit einer Infrarot-Fernbedienung. Teurere Modelle verfügen über eine Funk-Fernbedienung mit grafischem Farbbildschirm. Über diese Steuerung blättert man durch die Musikbibliothek und klickt dann auf gewünschte Alben oder Songs.

Vorhandene Geräte «aufrüsten»

Wer an die Soundqualität höhere Ansprüche stellt, aber (noch) keine netzwerkfähige Stereoanlage besitzt, kann die vorhandene Heimelektronik auch «aufrüsten». Von Sonos gibt es netzwerkfähige Lautsprecher und verschiedene

Adapter, die man den Geräten ohne grosses technisches Wissen vorschalten kann. Mittels Knopfdruck verbinden sich alle Geräte per Funk. Über einen «Mutteradapter» sind die Sonos-Geräte mit dem Router und dem Rest des Heimnetzwerkes verbunden.

Bedienen lassen sich alle angeschlossenen Geräte über eine App, zum Beispiel auf dem Smartphone. Man kann sogar zentral die Lautstärke jedes Zimmers einzeln regeln und die gewünschte Musik zuweisen. Der Fachmann nennt dies Multiroom-Konzept.

Allerdings: Sonos-Geräte sind teuer. Die Bauteile kosten zwischen 100 und 500 Franken. Vergleichbar multifunktionale Systeme gibt es derzeit nicht. Netzwerkfähige Komponenten gibt es aber auch von anderen Herstellern, zum Beispiel von Philips.

AirPlay und Apple TV für Musik und Videos

Hat man seine Mediensammlung auf einem Apple-Gerät wie einem Mac-Computer, einem iPhone oder einem iPad, kann man Daten sehr einfach via AirPlay übertragen. Diese Technik zur kabellosen Übertragung funktioniert zwischen allen Geräten, die mit AirPlay ausgerüstet sind. Die Empfangsgeräte müssen nicht von Apple stammen.

Mittlerweile gibt es zahlreiche AV-Receiver, Audiogeräte oder Funk-Lautsprecher, die AirPlay-kompatibel sind. Wer eine Stereoanlage ohne AirPlay besitzt, kann sie per Kabel mit einer kleinen Box namens Airport Express verbinden. Diese Box empfängt die Musik von iPhone, iPad oder Mac-Computer.

Musik und Filme streamen

Eine weitere Möglichkeit zum Übertragen von Videos und Musik ist Apple TV. Das kompakte Kästchen wird per HDMI an den Fernseher und per Ethernet oder WLAN an den Router angeschlossen. Es macht nichts anderes, als Inhalte von einem Computer zu streamen – also Musik (inklusive Internet-Radios), YouTube-Videos und im iTunes-Store geliehene oder gekaufte Filme auf das TV-Gerät zu übertragen (siehe Kasten oben).

Apple TV funktioniert auf PC und auf Mac. Voraussetzung ist aber die iTunes-Software. Dort muss man mit der Apple-ID unter dem Menüpunkt «Erweitert» die «Privatfreigabe» aktivieren.

Ein weiterer Nachteil gegenüber den zuvor genannten Lösungen

> **STICHWORT**
>
> ### Streaming
>
> Den Begriff Streaming hört man häufig im Zusammenhang mit Multimedia-Heimnetzen oder auch bei Ton- und Videoübertragungen über das Internet. Unter Streaming versteht man das Übertragen von Audio- und/oder Videodaten über ein Netzwerk. Die Daten werden während des Übertragens wiedergegeben, aber nicht auf dem Computer gespeichert.
>
> Für Übertragung und Empfang braucht es einen Sender (Server) und einen Empfänger (Client). Damit die Übertragung, also das Streaming, einwandfrei funktioniert, muss ein kontinuierlicher Datenfluss gewährleistet sein. Kommt es zu Unterbrechungen oder ist die Verbindung zu langsam, gibt es Aussetzer bei Ton und/oder Bild.

ist, dass der Computer eingeschaltet bleiben muss.

Ähnlich wie iTunes unterstützt auch der Windows Media Player Streaming. Auch hier muss der Computer stets laufen, um dem netzwerkfähigen Abspielgerät via WLAN den Zugriff auf die Medienbibliothek zu ermöglichen. Unter dem Menüpunkt «Streamen» finden Sie im Windows Media Player verschiedene Optionen, zu denen es in der Windows-Hilfe eine ausführliche Anleitung gibt.

Streaming: Musik hören, ohne sie zu speichern

Musik kann nicht nur zu Hause auf einer Festplatte gespeichert sein. Seit einiger Zeit kommt der Sound immer häufiger aus der Cloud (Wolke) irgendwo im Internet. Unter einer Cloud muss man sich einen gigantischen Serverpark vorstellen mit fast unendlicher Speicherkapazität. Kunden können bei Cloud-Diensten Speicherplatz kaufen und ihre Daten in die Wolke auslagern (siehe Seite 31).

Streaming-Plattformen: Angebote im Überblick

Über Streaming-Portale können Musikfans überall ihre Lieblingssongs hören, wo eine Verbindung zum Internet besteht. Bei Gratisangeboten müssen die Nutzer Werbung über sich ergehen lassen. Mobile Apps gibts nur für zahlende Hörer.

Deezer.com
Kostenlos: 12 Monate unbegrenzt, dann 2 Stunden pro Monat
Kostenpflichtig: 15 Tage gratis, danach Fr. 12.95 pro Monat
Apps für: Apple- und Android-Geräte, Blackberry, Windows Phone

Grooveshark.com
Kostenlos: Unbegrenzt
Kostenpflichtig: 50 Songs kostenlos, danach Fr. 8.60 pro Monat
Apps für: Apple- und Android-Geräte

Myjuke.ch
Kostenlos: 7 Tage unbegrenzt, dann 30 Sekunden pro Lied
Kostenpflichtig: 30 Tage gratis, danach Fr. 12.95 pro Monat
Apps für: Apple- und Android-Geräte, Windows Phone

Napster.ch
Kostenlos: 30 Sekunden pro Lied
Kostenpflichtig: 30 Tage gratis, danach Fr. 12.95 pro Monat
Apps für: Apple- und Android-Geräte

Simfy.ch
Kostenlos: 1 Monat unbegrenzt, dann 30 Sekunden pro Lied
Kostenpflichtig: 14 Tage gratis, danach Fr. 12.95 pro Monat
Apps für: Apple- und Android-Geräte, Blackberry

Spotify.ch
Kostenlos: 6 Monate unbegrenzt, dann 10 Stunden pro Monat
Kostenpflichtig: 30 Tage gratis, danach Fr. 12.95 pro Monat
Apps für: Apple- und Android-Geräte, Nokia, Windows Phone, Blackberry

Xbox Music
Kostenlos: 6 Monate unbegrenzt, dann 10 Stunden pro Monat
Kostenpflichtig: 30 Tage gratis, danach Fr. 12.95 pro Monat
Apps für: Windows-Geräte

Die Serverparks werden aber auch von Streaming-Portalen genutzt. Die Anbieter legen auf ihren Servern riesige Musiksammlungen an. Darauf können Nutzer via Internet zugreifen und Songs nach Belieben abspielen, also «streamen», ohne sie zu speichern. Das funktioniert mit allen Geräten, die Zugang zum Internet haben.

Die Vorteile: Beim Streaming wird kein Speicherplatz beansprucht, man kann auf eine grosse Sammlung von Musiktiteln zurückgreifen, zudem kann man gezielt auswählen, welchen Song man gerade hören möchte.

Praktisch: Via App lassen sich Songs auch offline hören
In der Schweiz sind sieben Streaming-Portale verbreitet. Bei allen können die Kunden wählen zwischen einem kostenpflichtigen und einem Gratisangebot. Bei kostenlosen Angeboten wird die Musik durch Werbung unterbrochen. Und gratis ist das Anhören fast überall nur während einer limitierten Zeit (siehe Kasten links).

Kostenpflichtige Abos sind werbefrei, der Zugriff auf die Musik ist zeitlich unbeschränkt möglich. Fast alle Portale kosten pro Monat Fr. 12.95.

Der Vorteil für zahlende Hörer: Bei allen Portalen gibt es eine App, mit der sich Songs auf Smartphones und Tablets übertragen lassen. Mit den entsprechenden Apps lassen sich Songs von den Streaming-Portalen herunterladen und dann ohne Internetverbindung anhören. Das spart Datenvolumen. Pro Titel werden im Mobilfunknetz Daten in einer Grössenordnung von 3 bis 6 Megabyte übermittelt. Das kostet je nach Mobilfunkabo zusätzlich Geld.

Allerdings: Die heruntergeladenen Songs sind nicht mit gekauften Titeln vergleichbar. Kündigt man das Abo, verschwinden die Songs wieder vom Gerät.

Alle Portale kann man gratis testen. Doch Vorsicht: Bereits für die Testphase muss ein Zahlungsmittel (Kreditkarte oder Paypal) hinterlegt werden. Und nach der Testperiode muss man über die Kontoeinstellungen des Portals kündigen. Sonst werden die Gebühren jeden Monat abgebucht.

iTunes Match und Amazon Cloud Player
Auch Apple bietet einen Streaming-Dienst an – **iTunes Match** genannt. Dieser Service funktioniert etwas anders als herkömmliche Streaming-Portale. Bei Apple greift man nicht einfach auf die gigantische Musiksammlung des Anbieters zu, sondern man kann seine persönliche Sammlung in die

Apple iTunes Match

Cloud stellen und von dort aus auf andere Geräte streamen oder kopieren. Das sind zum einen sämtliche Titel, die man im iTunes Store gekauft hat, aber auch alle anderen Songs, die auf dem Computer in der iTunes-Bibliothek gespeichert sind.

Beim ersten Start stellt das Programm fest, welche Titel der Musiksammlung im iTunes Store erhältlich sind. Titel, für die es Treffer gibt (auch Musikvideos), werden automatisch zur Wolke hinzugefügt.

Schlechte Tonqualität wird automatisch verbessert

Ein Vorteil: Musikstücke von geringer Tonqualität werden automatisch gegen bessere Kopien ausgetauscht. iTunes Match liefert AAC-Dateien mit einer Datenrate von 256 kbit/s pro Sekunde. Nicht im Store gefundene Titel landen unverändert in der Cloud.

Sobald die Musik in der Wolke gespeichert ist, können bis zu zehn Geräte online auf die Mediensammlung zugreifen. Ausser auf dem Desk-Computer oder Laptop funktioniert iTunes Match auf portablen Apple-Geräten ab dem Betriebssystem iOS 5.0.1. Beim Abspielen werden die Titel auf dem Gerät gespeichert, so kann man sie auch ohne Internetverbindung anhören.

Das Standardabo kostet pro Jahr 35 Franken. Für den Dienst brauchen Sie das Gratisprogramm iTunes – und Sie müssen sich bei Apple registrieren. Nach der Installation der Software und dem Einlesen der Musiksammlung klicken Sie in der oberen iTunes-Leiste auf «**Store**» und auf «**iTunes Match aktivieren**». Bestätigen Sie das Abo per Klick.

Damit Sie die Musik auch mobil auf dem iPhone oder iPad abspielen können, müssen Sie auf den Geräten iTunes Match aktivieren: Tippen Sie auf «**Einstellungen**» und dort auf das Untermenü «**Musik**». Schieben Sie die Regler für Match nach rechts.

Ähnlich funktioniert auch der **Cloud Player** von Amazon. Das Premium-Abo kostet ebenfalls rund 35 Franken pro Jahr, (www.amazon.de → MP3 & Cloud Player).

4
Musik wiedergeben

5 Fotos auf dem Computer
Bilder übertragen und downloaden

Auf modernen Speicherkarten haben mehrere Tausend Fotos Platz. Warten Sie jedoch nicht, bis die Karte voll ist. Einfacher ist es, neue Bilder möglichst bald auf den PC zu kopieren und übersichtlich zu ordnen.

Digitale Fotos bieten viele Möglichkeiten: Man kann sie am PC nachbearbeiten, im Internet mit Freunden teilen, Diashows veranstalten oder online Fotobücher gestalten.

Doch zuvor müssen die Aufnahmen von der Kamera auf die Festplatte des Computers gelangen. Ist der Speicherplatz auf dem Computer bereits knapp, importiert man die Fotos am besten auf eine externe Festplatte, die am Rechner angeschlossen ist.

Aktuell haben Digitalfotos im gängigen JPEG-Format eine durchschnittliche Dateigrösse von 3 bis 5 Megabyte (MB). Also beanspruchen 1000 Fotos bis zu 5 Gigabyte (GB) Speicherplatz, bei 10 000 Fotos sind es bereits 50 GB, also ein Zehntel des Speichervolumens eines gut ausgestatteten Notebooks.

Ein externes Speichermedium empfiehlt sich in jedem Fall für regelmässige System-Backups und Sicherheitskopien der wichtigsten Daten (siehe Seite 24 ff.).

Die passende Speicherkarte finden

Zu jeder Digitalkamera gehört eine Speicherkarte. Die digitalen Speicher passen aber auch in Videokameras, Laptops, Smartphones und Tablets. Welche Karte man kaufen soll, hängt vom Einsatzzweck und den Geräten ab, in denen man die Karte verwenden möchte.

SDHC-Karten passen in die meisten Geräte, die nicht älter als fünf Jahre sind. Nicht alle älteren Fotokameras kommen aber mit Karten zurecht, die eine Kapazität von mehr als 8 Gigabyte haben. Deshalb sollte man vor dem Kauf einer Karte in der Bedienungsanleitung der Kamera nachlesen, welches die maximale Kapazität der Kamera ist. Auch ältere Card Reader können von modernen Karten überfordert sein. Dann hilft manchmal ein Update des Treibers (siehe Kasten Seite 42).

In gängigen Kompaktkameras machen grössere Karten in der Regel keinen Sinn. Bereits auf einer 8-Gigabyte-Speicherkarte haben über 1700 Fotos Platz. Das dürfte für die meisten Bedürfnisse ausreichen. Für anspruchsvollere Fotografen mit teuren System- oder Spiegelreflexkameras aber sollte

---

TIPP

K-Tipp-Ratgeber «Digitalfotografie»

Tipps und Informationen zum Kauf und zur Bedienung von Digitalkameras können Sie im K-Tipp-Ratgeber «Digitalfotografie» nachlesen. Zudem finden Sie im Buch viele Praxistipps für perfekte Bilder in jeder Situation.

Bestellen können Sie das Buch unter www.ktipp.ch/buch-shop.

man grössere Karten in Betracht ziehen, vor allem dann, wenn die Bilder im datenintensiven RAW-Format abgespeichert werden.

Folgende Kombinationen sind sinnvoll:

- **Kompaktkameras/Bilder im JPEG-Format**: SDHC Karten der Geschwindigkeitsklasse 4 und 6 sowie günstige Karten der Klasse 10 unter 15 Franken bis 8 Gigabyte Speicherplatz.
- **Systemkameras/Bilder im JPEG-Format**: SDHC Karten der Klassen 6 und 10 unter 20 Franken bis 32 Gigabyte Speicherplatz.
- **System- und Spiegelreflexkameras/Bilder im RAW-Format**: Die leistungsstärksten SDHC-Karten der Klasse 10 bis 32 Gigabyte. Oder bei den neusten Kameras die neuen SDXC-Karten der Klasse 10 ab 64 Gigabyte Speicherplatz.

Ein «K-Tipp»-Test zeigt zudem: Für eine Speicherkarte muss man nicht viel Geld ausgeben. Schon für Fr. 8.30 gibts eine 8-GB-Karte, die im Test mit der Note «sehr gut» bewertet wurde: die Platinum SDHC Card Ultra High Performance. (Ausführliche Testresultate unter www.ktipp.ch/tests).

Bilder von der Kamera auf den Computer übertragen

Grundsätzlich führen verschiedene Wege von der Speicherkarte zum Computer. Nicht alle sind gleich komfortabel und gleich schnell. Welche Variante Sie wählen, hängt einerseits von den vorhandenen Geräten ab, aber auch von der Anzahl Bilder, die Sie übertragen wollen.

IN DIESEM KAPITEL

40 Die passende Speicherkarte finden
41 Fotos übertragen: Von der Kamera auf den PC
42 Bilder vom Smartphone und anderen Quellen
44 Das digitale Fotoarchiv: Ordnung mit System
45 Bilder sichern: Externe Kopien sind unerlässlich

■ **Mit Datenkabel**

Sozusagen klassisch ist die Verbindung via USB-Kabel, die es bei Handys und Digitalkameras gibt. Sie ist stabil und mit USB 2.0 akzeptabel schnell. Neuere Geräte verfügen allenfalls bereits über die noch deutlich schnellere Version USB 3.0.

Der Computer hat in der Regel kein Problem damit, das angeschlossene Gerät zu erkennen. «Plug & Play» – also «anstecken und loslegen» – ist bei modernen Geräten mittlerweile Standard.

■ **Mit Card Reader**

Sollte das passende Kabel nicht zur Hand sein, kann man die Speicherkarte entnehmen und den Inhalt mit einem Kartenleser übertragen. Viele Computer und Notebooks haben einen solchen Card Reader eingebaut. Ansonsten sind im Handel schon für rund 10 Franken externe Geräte mit USB-Anschluss erhältlich.

Besonders kompakt sind Card Reader in Form eines USB-Sticks. Für Mini- und Micro-Speicherkarten, wie sie in Handys üblich sind, existieren passende Adapter. Damit kann der Card Reader auch für solche Karten verwendet werden.

Drahtlose Übertragung

Die kabellose Kommunikation setzt sich bei elektronischen Geräten immer mehr durch. Hier konkurrieren Bluetooth und WLAN (manchmal auch als WiFi bezeichnet). Beides funktioniert problemlos. Die Voraussetzung für die Verwendung von Bluetooth ist natürlich, dass Handy und Computer damit ausgerüstet sind und dass diese Schnittstelle am Handy auch zur Datenübertragung verwendet werden kann. Einige Modelle können via Bluetooth nur Verbindung zu einem Headset, einer Freisprecheinrichtung oder Kopfhörern aufnehmen.

Zur Nutzung der WiFi-Schnittstelle muss ein Heimnetzwerk mit WLAN-Router existieren (siehe Seite 32 ff.). Befinden sich beide Geräte im selben Netzwerk, können sie einander erkennen und Daten austauschen. Das funktioniert üblicherweise nach Installation einer mitgelieferten Software und/oder dem Download einer Smartphone- oder Tablet-App.

Mittlerweile sind nicht nur die meisten Handys WLAN-fähig, sondern auch einige Digitalkameras. Oder Sie können Ihre Kamera mit einer WLAN-tauglichen Speicherkarte (Eye-Fi) nachrüsten.

Bilder von Smartphones und anderen Quellen

Nicht immer liegen die Bilder, die man auf dem Computer haben möchte, auf einer Speicherkarte. Fotos können auch von anderen Quellen auf die Festplatte übetragen werden:

Fotos per Handy verschicken

Auf den PC oder Mac gelangen Digitalfotos auch dann, wenn man sie via Handy per E-Mail oder MMS verschickt. Beides ist aber eine Zeit- und noch mehr eine Kostenfrage: Wie gross ist das Datenvolumen bei Ihrem Handyabo? Wie hoch sind die Zusatzkosten für den MMS-Versand? Ist der Versand von grösseren E-Mail-Anhängen überhaupt möglich?

Zudem kann nicht jedes E-Mail-Postfach grosse Datenmengen empfangen. Sein Volumen ist begrenzt und eine umfangreiche E-Mail kann das Postfach «verstopfen».

Der Versand einzelner Bilder ist problemlos, doch um eine grössere Menge Fotos in voller Auf-

---

TIPP

Wenn der Card Reader streikt

Die hohe Speicherkapazität und Geschwindigkeit moderner Speicherkarten kann ältere Kartenlesegeräte überfordern. Unter Umständen hilft ein Update der Treiber-Software. Allerdings: Bei eingebauten Card Readern sieht man nicht, um welches Modell es sich handelt. Angaben dazu finden Sie auf der Homepage des Computerherstellers (Suche nach dem Modell) oder direkt im Computer.

Windows XP: «Start/Systemsteuerung/System/Hardware/Geräte-Manager/Speichervolumes/(Doppelklick)»

Vista und Windows 7: «Start/Systemsteuerung/Hardware und Sound/Geräte-Manager/USB-Controller/(Doppelklick)»

Windows 8: «Start/Geräte-Manager/USB-Controller (Doppelklick)».

Hilft auch ein Treiber-Update nicht, müssen Sie einen neuen externen Card Reader kaufen.

lösung zu verschicken, eignen sich E-Mails nicht (siehe Seite 92).

■ Fotos auf USB-Stick, CD/DVD

Um Digitalfotos weiterzugeben, können Sie diese auf einen USB-Stick kopieren oder auf eine CD/DVD brennen. Wenn Sie selber einen solchen Datenträger erhalten, sollten Sie ihn gleich nach dem Einlegen vom Virenscanner auf dem Computer überprüfen lassen. Dies ist nämlich einer der Wege, den Schadprogramme wählen, um sich auf Computern auszubreiten.

■ Bilder downloaden

Das Internet ist eine wahre Fundgrube mit Millionen von Fotos. Doch aufgepasst: Die Bilder unterliegen strengen urheberrechtlichen Beschränkungen. Sie dürfen ein Foto zwar auf Ihren PC herunterladen, aber ohne Zustimmung des Rechteinhabers dürfen Sie es keinesfalls öffentlich zugänglich machen. Konkret: Sie dürfen es auch nicht auf Ihre Homepage oder Facebook-Seite stellen.

Anders liegt der Fall bei Fotos, die Ihnen ein Bekannter online auf einer Foto-Plattform zur Verfügung stellt (siehe Seite 91). Dies ist sozusagen die virtuelle Variante von USB-Stick und CD/DVD, die das E-Mail-Postfach entlastet.

Wenn Sie Bilder mit dem Handy über das Mobilfunknetz herunterladen, sollten Sie stets das Datenvolumen und die damit verbundenen Kosten im Auge behalten. Schneller und günstiger ist der Download über einen festen Breitbandanschluss.

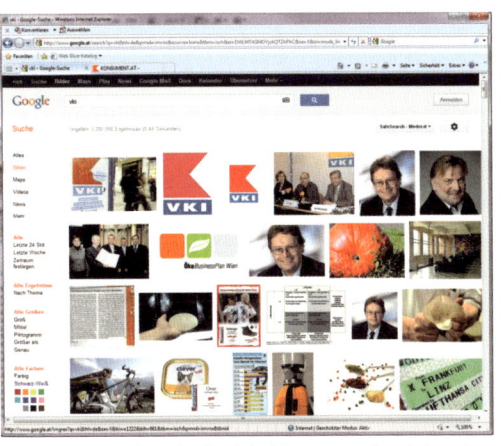

Bildersuche in Google: Auch bei Fotos aus dem Internet ist das Copyright zu beachten.

■ Fotos einscannen

Wenn Sie alte Fotos oder Dias auf den Computer bringen möchten, müssen Sie diese erst digitalisieren. Dazu benötigen Sie einen Scanner. (Mehr zum Digitalisieren alter Fotobestände lesen Sie ab Seite 83.)

Digitales Fotoarchiv: Ordnung mit System

Welchen Weg Sie wählen, um Fotos auf Ihren Computer zu bekommen, hängt nicht zuletzt davon ab, ob Sie zum Beispiel 15 oder 1500 Fotos auf einmal übertragen. Bei einer grossen Anzahl sollten Sie bereits im Zuge des Überspielens mit dem Sortieren beginnen, sonst machen Sie es sich nachträglich unnötig schwer.

Diverse kostenlose Programme wie die **Windows Live Fotogalerie** oder **Picasa** unterstützen Sie dabei mit automatisierten Abläufen. (Mehr zu den Programmen und Funktionen lesen Sie ab Seite 46.)

Mitgelieferte Software ist nicht immer aktuell

Neu gekauften Digitalkameras und Handys liegt üblicherweise eine CD-ROM mit Software bei. Diese dient zum Überspielen und Verwalten von Fotos, Musik, Kontakten usw. Dabei handelt es sich meist um herstellereigene Programme.

Erfahrungsgemäss sind diese Programme von recht unterschiedlicher Qualität, was die reibungslose Funktion, den Umfang und die Benutzerfreundlichkeit betrifft. Je nach Kaufzeitpunkt kann die Software auch bereits veraltet sein, weil sie auf ein früheres Betriebssystem abgestimmt ist. Dies kann man eventuell durch den Download einer aktuellen Programmversion von der Homepage des Herstellers beheben.

Allerdings: Wie zukunftssicher und kompatibel das Programm ist, bleibt fraglich. Beim Verwalten des Fotoarchivs ist jedoch Kontinuität wichtig. Schlimmstenfalls müssen Sie bei einem Wechsel der Kameramarke Ihr ganzes Archiv neu sortieren und beschriften.

Grundsätzlich müssen Sie die mitgelieferte Software nicht installieren. Sie können problemlos auf jene Werkzeuge zurückgreifen, die Windows-Betriebssysteme und Mac standardmässig mitbringen (siehe Seite 46 ff.).

So könnte ein sinnvolles Ordnersystem aussehen:
Unabhängig von der Art, wie Sie die Bilder importieren und verwalten, müssen Sie für die Fotosammlung ein Ordnungssystem anlegen, das für Ihren Bedarf Sinn macht und mit dem Sie zurechtkommen. Im Idealfall finden Sie später die Fotos auf dem PC, ohne eine Suchfunktion zu benutzen. Entscheidend ist deshalb, dass Sie den Ordnern und Unterordnern eindeutige Namen geben. Das Betiteln der Fotodateien selbst ist dann zweitrangig.

Zur Gliederung der privaten Fotosammlung könnte dies zum Beispiel folgendermassen aussehen:
- Sie legen unter «Eigene Bilder» zwei Ordner an und nennen den einen «Rohdateien» und den anderen «Fotoarchiv».
- In den Ordner «Rohdateien» kopieren Sie direkt von der Kamera jene Bilder, die Sie noch bearbeiten oder aussortieren wollen. Sortieren Sie die Bilder grob ein nach Anlass, Datum, Motiv etc.
- In den Ordner «Fotoarchiv» verschieben Sie in der Folge alle Bilder, die aus Ihrer Sicht fertig bearbeitet sind. Dieses Archiv untergliedern Sie in Unterordner wie: «Familienfeiern», «Freunde», «Ausflüge», «Ferien», «Hausbau», «Garten» usw.
- Innerhalb dieser Unterordner legen Sie dann weitere Unterordner an, denen Sie zusätzlich Datumsangaben hinzufügen, wie zum Beispiel «2012-05 Toscana» oder «2011-03-21 Anna+Max».
- Wo nötig, legen Sie weitere Unterordner an. Die «Familienfeiern» unterteilen Sie zum Beispiel nochmals in «Geburtstage», «Hochzeiten», «Weihnachten».

Diese Beispiele können Sie nach Ihren Vorstellungen beliebig abwandeln. Wichtig ist, eine Struktur zu schaffen, die unabhängig von den diversen automatischen Bildverwaltungsmöglichkeiten und Suchfunktionen existiert.

Fotos speichern: Externe Kopien sind unerlässlich

Die interne Festplatte des Computers ist kein sicherer Ort für Fotos. Ein frühzeitiger Festplattencrash, ein Virus oder eine Unachtsamkeit genügen – und alle Fotos sind für immer verloren.

Hat man die Fotos von der Speicherkarte auf die Festplatte kopiert, einsortiert, gesichtet, ausgemistet und beschriftet, ist in jedem Fall ein Backup fällig.

Entweder kopiert man die Ordner mit den Dateien auf eine externe Festplatte, oder man brennt sie auf eine CD/DVD. Besonders vorsichtige Computernutzer speichern ihre wichtigen Daten doppelt und dreifach. Und das auf verschiedenen Datenträgern, die sie an verschiedenen Orten aufbewahren. Bedenken sollte man auch, dass kein Datenträger ewig hält.

Denkbar ist zum Beispiel folgendes Vorgehen: Sie kopieren die Fotos von der Digitalkamera auf den PC, lassen die Originale aber sicherheitshalber noch auf der Speicherkarte. Danach sollten Sie die Fotos auf dem Computer gleich bearbeiten und diese finale Version auf einer externen Festplatte sichern.

Ob Sie die unbearbeiteten Originale dann ebenfalls noch behalten möchten, ist eine andere Frage. Handelt es sich um künstlerisch wertvolle Aufnahmen, lautet die Antwort: Ja. Bei Privatfotos ist es nicht zwingend notwendig, sofern man mit der bearbeiteten Version zufrieden ist.

Mehr zum Thema Sicherheitskopien lesen Sie in Kapitel 3. Was dort zum Backup von Musikdateien gesagt wird, gilt grundsätzlich auch für Fotos.

TIPP

Online-Speicher: Fotos ins Internet hochladen

Mit einer internetfähigen Kamera-Speicherkarte (Eye-Fi) kann man Fotos nicht nur auf den Computer, sondern auch direkt auf eine Internetplattform hochladen. So lassen sich Bilder mit Freunden, Bekannten oder «der ganzen Welt» teilen. Solche Plattformen bieten zum Beispiel Flickr, Picasa und Facebook.

Ähnlich funktioniert dies auch mit Android-Smartphones nach Installation der entsprechenden Apps. Windows-Phones wiederum sind eng mit dem kostenlosen Online-Speicher «SkyDrive» verknüpft. iPhone, iPad und iPod von Apple schicken die Bilder in die «iCloud». Wenn man die mobilen Geräte mit dem PC synchronisiert, landen die Bilder dann automatisch auch auf dem Computer.

Allerdings: Der kostenlose Online-Speicherplatz ist zu klein für ein ganzes Fotoarchiv. In erster Linie ist er dazu da, ausgewählte Bilder einem bestimmten Personenkreis online zugänglich zu machen (siehe Seite 91).

6 Fotos verwalten
Ordnung im digitalen Bildarchiv

Ein übersichtliches, gut strukturiertes Ordnungssystem ist das Kernstück jeder digitalen Fotosammlung. Kostenlose Programme helfen beim Einordnen und Katalogisieren der Bilder auf dem Computer.

Wer digital fotografiert, kennt das Problem: Sehr rasch hat man Hunderte von Bildern auf der Speicherkarte. Sie alle müssen auf dem Computer oder auf einer externen Festplatte abgelegt werden – und zwar so, dass man sie später wieder findet.

Man kann diese Arbeit manuell erledigen (siehe Seite 67 ff.), mehr Funktionen und Komfort bieten jedoch spezielle Programme für die Bildverwaltung. Damit lassen sich etliche Arbeitsabläufe automatisieren – was vor allem bei einer grossen Anzahl Bilder praktisch ist. Zudem beinhalten die Programme auch Funktionen zur einfachen Bildbearbeitung (siehe Seite 76 ff.) und für die Präsentation der Bilder (siehe Seite 88 ff.).

Die Software wird häufig mit dem Betriebssystem mitgeliefert. Andernfalls lässt sie sich kostenlos herunterladen und nachträglich installieren. Neben der Software von Windows und Apple gibt es auch zahlreiche andere Fotomanager. Einige davon sind ebenfalls kostenlos, zum Beispiel Google Picasa (siehe Seite 59 ff.)

Fotoimport und -verwaltung unter Windows XP

Bei Windows XP sind die integrierten Werkzeuge für die Bildverwaltung äusserst beschränkt und nicht mehr zeitgemäss. Die bessere Alternative ist die kostenlose **Windows Live Fotogalerie** in der für XP geeigneten Version 2009. (Download z.B. unter www.chip.de, Sucheintrag «Windows Live Fotogalerie»). Die aktuellste Version 2012 läuft nur unter Windows 7 und 8.

Wie unter Windows üblich, öffnet sich nach dem Anschliessen eines externen Datenträgers ein Fenster mit mehreren Auswahlmöglichkeiten. Wenn man möchte, kann man eine davon als Standardprogramm festlegen. Im Fall von Kamera, Handy oder Speicherkarte wählen Sie nun die Windows Live Fotogalerie und bestätigen mit «**OK**».

Wenn sich die Windows Live Fotogalerie öffnet, werden Sie zur Eingabe Ihres Benutzernamens (Windows Live ID) und Ihres Kennworts aufgefordert. Die Anmeldung ist aber nicht erforderlich, wenn Sie keine Online-Funktionen nutzen möchten.

TIPP

Windows Search für XP

Die in Windows XP integrierte Suchfunktion ist langsam, ungenau und ein eher untaugliches Mittel, um Fotos anhand ihrer Beschriftungen zu finden. Abhilfe schafft die nachträgliche Installation von **Windows Search 4.0 für XP**. Diese schnelle und effiziente Suchfunktion wird mit den jüngeren Betriebssystemen bereits mitgeliefert.

Download unter www.microsoft.com/downloads/de-ch (Sucheintrag «Windows Search»).

Fotos importieren und automatisch gruppieren

In einem Fenster erhalten Sie die Meldung, dass auf der Kamera nach Bildern (und Videos) gesucht wird. Nach Abschluss des Vorgangs ändert sich der Fensterinhalt. Er zeigt die Anzahl der gefundenen Fotos und Videos, und der Punkt «Zu importierende Elemente ansehen, verwalten und gruppieren» ist markiert.

Klicken Sie auf «**Weiter**», um zu einem Übersichtsfenster mit praktischen Zusatzfunktionen zu gelangen. Hier werden die auf der Kamera oder dem Handy befindlichen Fotos nicht nur im Kleinformat angezeigt, sondern nach Aufnahmedatum beziehungsweise der Aufnahmezeit automatisch in Gruppen zusammengefasst.

Mit dem Schieberegler können Sie die Gruppenzusammenstellung beeinflussen, indem Sie den Zeitabstand zwischen den einer Gruppe zugeordneten Fotos vergrössern oder verkleinern (stufenweise zwischen 30 Minuten und 29 Tagen). Sie können damit aber auch alle Fotos in einer einzigen Gruppe zusammenfassen.

Sie haben nun die Möglichkeit, jeder Gruppe einen Namen zu geben. Der Name wird standardmässig für den jeweiligen Ordner (=Gruppe) übernommen. Optionen dazu finden Sie im oben erwähnten Fenster, das die Anzahl der gefundenen Fotos anzeigt.

Hier können Sie zum Beispiel zum Ordnernamen auch noch das Aufnahme- oder das Importdatum hinzufügen lassen. Und Sie kön-

IN DIESEM KAPITEL

- 46 Windows Live Fotogalerie: Windows XP
- 47 Fotos importieren und gruppieren
- 48 Fotos beschriften und anschauen
- 49 Stichwort: Metadaten und Tags
- 50 Bilder auswählen
- 51 Automatische Gesichtserkennung
- 52 Metadaten lesen und verwalten
- 52 **Windows Vista, Windows 7 und 8**
- 53 Fotos importieren und gruppieren
- 54 Bilder beschriften
- 55 Fotos betrachten und auswählen
- 52 Metadaten lesen und verwalten
- 56 Die wichtigsten Funktionen im Menüband
- 57 Metadaten sichern und exportieren
- 58 Automatische Gesichtserkennung
- 59 **Fotos verwalten mit Google Picasa**
- 60 Ordner verwalten
- 61 Picasa-Alben
- 62 Neue Alben zusammenstellen
- 62 Fotos importieren
- 63 Gesichts- und Ortserkennung
- 63 Bilder beschriften
- 64 Metadaten sichern
- 64 Speichermöglichkeiten bei Picasa
- 66 Externe Sicherungskopie erstellen
- 66 **ACDSee und Photoshop Elements**
- 67 **Manuelle Bildverwaltung mit dem Windows Explorer**
- 67 Fotos importieren
- 68 Bilder auswählen und markieren
- 69 **Manuelle Bildverwaltung mit IrfanView**
- 69 Ordnerbaum und Miniaturansichten
- 70 Fotostapel umbenennen
- 71 **Bildverwaltung mit iPhoto auf dem Mac**
- 71 Fotos importieren
- 72 Alben und Ordner
- 73 Fotos beschriften
- 73 Gesichtserkennung
- 74 Ortserkennung
- 74 Gezielt nach bestimmten Fotos suchen
- 75 Metadaten sichern und löschen

6 Fotos verwalten

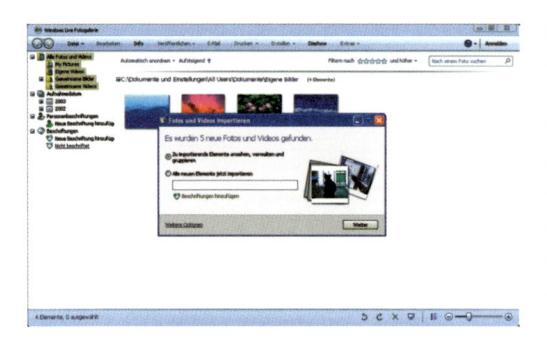

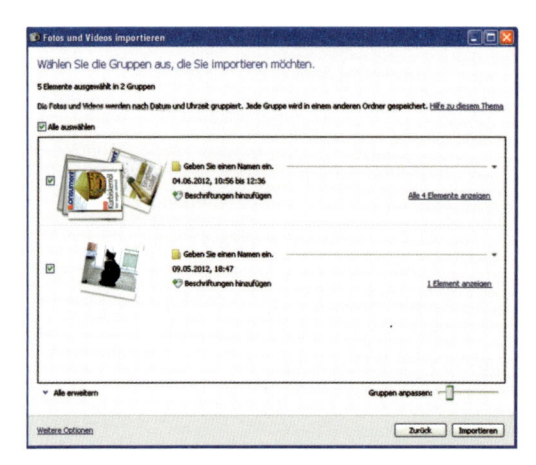

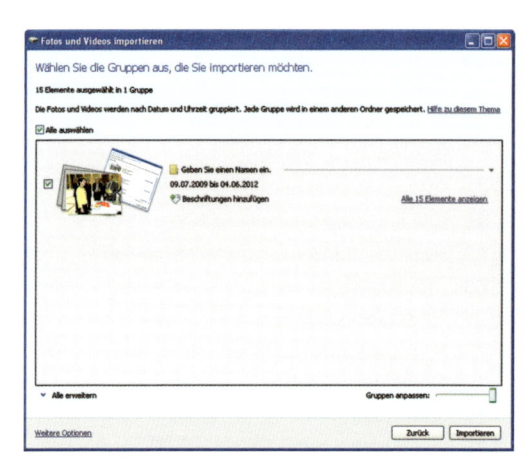

nen den Namen auch als Titel für die Bilder übernehmen.

In der Standardeinstellung behalten die Fotos ihren von der Kamera vergebenen, fortlaufend nummerierten Originaldateinamen bei (z.B. DSC_2350, DSC_2351 etc.). Eine nachträgliche Umbenennung ist immer noch möglich und auch sinnvoll, weil die Dateinamen/Bildtitel in die Suche mit einbezogen werden.

Fotos beschriften

Neben einem Namen können Sie den Fotos eine oder mehrere – durch Strichpunkt getrennte – Beschriftungen hinzufügen. Bei diesen Zusatzinformationen handelt es sich um sogenannte «Tags» (siehe Kasten rechts).

Klicken Sie zunächst oben in der Menüleiste auf «Info». Dies öffnet auf der rechten Seite eine Spalte, die Ihnen die Möglichkeit bietet, ein oder mehrere Fotos mit Personennamen, Schlagworten, Bildtiteln, Bewertungen (Sterne) oder einem Autorennamen zu versehen sowie den Dateinamen oder das Datum zu ändern. Zugleich können Sie hier auch vorhandene Einträge löschen, ändern oder ergänzen.

Wenn Sie mehrere Fotos in einem Durchgang identisch beschriften wollen, können Sie die betreffenden Bilder mit einem grünen Haken auswählen.

Fotos anschauen

In der Mitte des Programmfensters sehen Sie die importierten Fotos vor sich, geordnet nach den zuvor festgelegten Gruppen. Wenn

Windows Live Fotogalerie: Die gefundenen Fotos werden automatisch gruppiert. Mittels Schieberegler rechts unten kann man Einfluss auf die Gruppenzusammensetzung nehmen. Beim Bewegen des Schiebereglers ganz nach rechts werden alle Fotos einer einzigen Gruppe zugeordnet.

STICHWORT

Metadaten: Nützliche Zusatzinformationen

Metadaten sind zusätzliche Informationen zu den Fotos. Zu den Metadaten gehören einerseits Datum und Uhrzeit der Aufnahme (falls die Kamera ein GPS-Modul besitzt, auch der Ort), das Kameramodell, Blende, Belichtungszeit, Bildgrösse, Informationen darüber, ob das Bild hoch- oder querformatig ist, und vieles mehr. Der genaue Umfang ist vom Kameramodell abhängig.

Diese sogenannten EXIF-Daten werden im Moment der Aufnahme von der Kamera geschrieben. Sie sind als Bestandteil der Fotodatei im Hintergrund stets vorhanden und können mit geeigneter Software jederzeit eingesehen werden. Man kann sie nicht beeinflussen, aber man kann eigenhändig weitere individuelle Informationen (Tags) hinzufügen.

Tags dienen zum raschen Sortieren und Wiederauffinden der Fotos. Man sollte deshalb möglichst aussagekräftige Infos hinzufügen.

Beispiel: Wenn Sie Bilder mit «Ferien» beschriften, dann sind die betreffenden Fotos schon recht eindeutig zugeordnet. Da Sie aber vermutlich in den Ferien öfter verreisen, fügen Sie zum Beispiel noch «Italien» und «Rom» hinzu. Eine andere Bilderserie beschriften Sie dann zum Beispiel mit «Ferien; Italien; Florenz».

So können Sie später nach allen Ferienfotos suchen, nach Fotos aus Italien oder nach jenen von Rom oder Florenz. Einige Verwaltungsprogramme können den Bildern sogar automatisch Personennamen und Orte (Geo-Tags) zuordnen.

Wichtig: Manuell eingefügte Tags werden nicht in der Bilddatei, sondern im Verwaltungsprogramm gesondert gespeichert. Bei einem Festplattencrash können sie verloren gehen. Deshalb sollte man von diesen Daten regelmässige Sicherheitskopien erstellen, so kann man sie notfalls zurückkopieren (siehe Kasten Seite 57).

Sie den Mauszeiger auf ein beliebiges Bild stellen, öffnet sich nach wenigen Sekunden eine vergrösserte Vorschau inklusive der wichtigsten Bildinformationen.

Diese Informationen können Sie dauerhaft einblenden, wenn Sie in der unteren Leiste das Symbol gleich neben dem Schieberegler (der zur Grössenänderung der Miniaturansichten dient) anklicken. Hier haben Sie zusätzlich die Möglichkeit, jeweils einem einzelnen Foto einen Titel hinzuzufügen, den Dateinamen und das angegebene Datum zu ändern und das Bild mit einem bis fünf Sternen zu bewerten.

Die übrigen Symbole in der unteren Leiste sind selbsterklärend: Sofern hochformatig aufgenommene Fotos nicht ohnehin bereits automatisch gedreht wurden, können Sie diese mit den blauen Pfeilen gegen den oder im Uhrzeigersinn drehen. Sie können eines oder mehrere ausgewählte Fotos löschen oder sich nach dem Markieren eines Ordners eine automatische Diashow anzeigen lassen. Die Diashow beenden Sie mit der Esc-Taste.

Bilder auswählen
Die Auswahl der Bilder treffen Sie folgendermassen: Sobald Sie den Mauszeiger auf ein Foto stellen, erscheint links oben ein kleines weisses Quadrat. Ein Klick in das Quadrat setzt einen grünen Haken, ein weiterer Klick entfernt ihn. So markieren Sie beliebig viele Fotos, die Sie danach in einem Durchgang mit identischen Beschriftungen usw. versehen können.

In der Spalte links (Navigationsbereich) sehen Sie den Ordner «Eigene Bilder» sowie die darin enthaltenen Unterordner in der gewohnten Baumstruktur. Sollten sich auf dem PC bereits ältere Bilder befinden, werden diese automatisch in die Windows Live Fotogalerie übernommen, auch wenn sie nicht mit dieser importiert wurden.

Wenn Sie in der linken Spalte den Ordner «Eigene Bilder» markieren, erhalten Sie eine Gesamtübersicht über alle Fotos, die sich darin befinden.

Der Menübefehl «**Datei/Ordner zur Galerie hinzufügen**» erlaubt es, Fotoordner, die sich ausserhalb von «Eigene Bilder» befinden, zu integrieren. Das bedeutet, dass Sie Ordner plus Inhalt mit der Fotogalerie verwalten können, die Fotos selbst aber an ihrem ursprünglichen Speicherort bleiben. Das ist zum Beispiel auch dann wichtig, wenn Sie all Ihre Fotos nicht auf dem Computer, sondern auf einer externen Festplatte abspeichern.

Wenn dies der Fall ist, sollten Sie in der Windows Live Fotogalerie auch den Speicherort für die zu importierenden Fotos ändern. Wählen Sie den Ordner auf der externen Festplatte, in den alle Unterordner und Fotos künftig automatisch kopiert werden sollen, unter «**Datei/Optionen/Importieren/ Importieren nach/Durchsuchen**».

Weiter unten in der Spalte finden Sie weitere Ordnungskriterien, nach denen Sie sich die Fotos anzeigen lassen können, nämlich das Aufnahmedatum, untergliedert in Jahr, Monat und Tag. Dabei kommen die Metadaten zum Einsatz (siehe Kasten Seite 49).

Windows Live Fotogalerie: Einzelbildvorschau/Detailansicht (oben) und Fotoauswahl durch Anhaken.
Das kleine Vorschaufenster (QuickInfo), das sich öffnet, wenn man den Mauszeiger auf ein Foto stellt, lässt sich unter «Datei/Optionen» deaktivieren.

Auch wenn hier Bilder aus verschiedenen Ordnern angezeigt werden, ändert dies nichts an der bestehenden Ordnerstruktur, die unverändert bleibt.

Die Suchmöglichkeit befindet sich oberhalb der Miniaturansichten und erlaubt auch die Eingabe mehrerer Stichworte, um die Suchkriterien einzuschränken.

Für die Sterne gibt es oberhalb der Fotoübersicht eine eigene Suchfunktion, mit deren Hilfe Sie Ihre persönlichen Lieblingsbilder herausfiltern können.

Automatische Gesichtserkennung

Im Gegensatz zu neueren Versionen des Programms, kann Fotogalerie 2009 die Bilder nicht automatisch mit ortsbezogenen Informationen (Geo-Tags) versehen. Hingegen ist das Programm in der Lage, Personen auf Fotos zu identifizieren. Dazu muss man aber zunächst die Namen der betreffenden Menschen manuell eingeben.

Wenn Sie auf ein Bild doppelklicken, dann öffnet sich dieses in einer grösseren Ansicht. Die rechte Spalte bleibt unverändert. Sollten Sie bei den Bearbeitungsmöglichkeiten landen, genügen ein Rechtsklick ins Foto und die Menüauswahl «**Beschriftungen hinzufügen**», um wieder die richtige Spalte mit den Personenbeschriftungen zu öffnen.

Unter der Überschrift «Personenbeschriftungen» finden Sie die Optionen «**Jemanden markieren**» und eventuell auch «**Person gefunden – Identifizieren**». Letzteres ist eine (halb-)automatische Gesichtserkennung. Das Programm interpretiert ein Motiv anhand bestimmter Merkmale als menschliches Gesicht. Dies klappt aber nur dann, wenn die Personen möglichst frontal in die Kamera schauen.

Wenn Sie nun auf «**Identifizieren**» klicken oder den Mauszeiger auf das Gesicht einer Person stellen und dann klicken, wird das Gesicht mit einem Quadrat markiert. Daneben öffnet sich ein Eingabefenster für den Namen. In der Folge wird der Name einer markierten

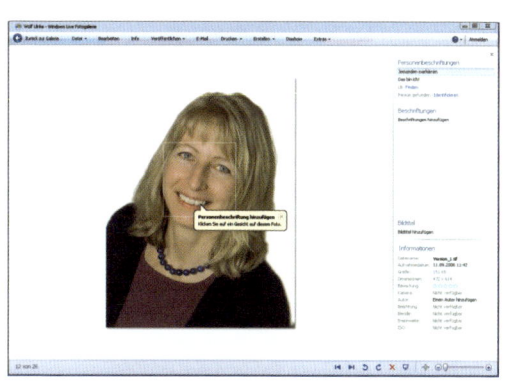

Windows Live Fotogalerie: Um eine konkrete Person zu benennen, müssen Sie durch Doppelklick auf das gewünschte Foto von der Übersicht (oben) zur Detailansicht wechseln.

Person ins Foto eingeblendet, wenn Sie mit dem Mauszeiger darüberfahren.

Erkennt das Programm nicht automatisch, dass Personen vorhanden sind, dann wählen Sie «Jemanden markieren» und markieren die betreffende(n) Person(en) manuell mit dem Mauszeiger (linke Maustaste gedrückt halten und Quadrat aufziehen).

Wenn Sie nun in der Gesamtübersicht ein Foto, auf dem eine oder mehrere Personen zu sehen sind, durch einfachen Linksklick markieren, dann werden Sie feststellen, dass die Gesichtserkennung der Windows Live Fotogalerie im Hintergrund aktiv nach weiteren Personen gesucht hat und in der rechten Spalte darauf hinweist, ob und wie viele auf dem betreffenden Bild gefunden wurden.

Wichtig: Die Personenbeschriftungen sind kein Bestandteil der allgemeinen Metadaten (siehe Kasten Seite 49). Diese nachträglich angefügten Infos werden vom Programm in einem separaten Ordner gespeichert und müssen bei einem Computer- oder Festplattenwechsel gesondert zurückkopiert werden. Der Ordner mit diesen Daten sollte deshalb regelmässig extern gesichert werden (siehe Kasten Seite 57).

Fotoimport und -verwaltung unter Vista, Windows 7 und Windows 8

Vista ist standardmässig mit der **Windows Fotogalerie** in Kombination mit einem Importassistenten ausgerüstet. Der Importassistent ist auch bei Windows 7 noch vorhanden, zum Importieren von Bildern gibts mittlerweile aber bessere Möglichkeiten.

Bei der Einführung von Win 7 wurde mit der **Windows Live Fotogalerie** eine hinsichtlich Import, Verwaltung und Bearbeitung der Bilder verbesserte Programmversion nachgeliefert. Mittlerweile existiert die Live Fotogalerie in der nochmals überarbeiteten Version 2012 für Windows 7 und 8.

Als Vista-User sollte man die Version 2011 herunterladen. Sie ist Bestandteil der **Windows Live Essentials 2011** (unter www.microsoft.com/de-de/download).

Falls Sie noch die alte Windows Fotogalerie verwenden, ist das

---

Windows XP: Metadaten lesen und verwalten

Mit der Windows Live Fotogalerie 2009 beziehungsweise den Bordmitteln von XP können Sie die Metadaten (siehe S.49) nur ausschnittsweise einsehen und ändern. Es kann jedoch interessant sein, die Kameraeinstellungen durchzusehen, wenn etwa ein Bild nicht gelungen ist. Und wenn Sie ein Bild weitergeben oder im Internet veröffentlichen, ist es sinnvoll, die Metadaten zu löschen. Bei Internetveröffentlichungen direkt aus der Fotogalerie klicken Sie auf «**Datei/Optionen/Beschriftungen**» und deaktivieren die Option «**Alle Dateidetails hinzufügen**».

Spezielle Programme zum Lesen von Metadaten sind zum Beispiel: **JExifViewer** und **ExifBrowser**. Umfassender bearbeiten lassen sich die Daten mit **PhotoME** oder **Microsoft Pro Photo Tools**. **Exif Eraser** schliesslich entfernt EXIF-Daten aus allen Bilddateien, die sich in einem Ordner befinden. Ein Teil der genannten Software ist allerdings nur in englischer Sprache verfügbar (Downloads z.B. auf www.computerbild.de).

kein Problem. Die neue Version ist damit kompatibel und übernimmt alle bisherigen Bildbeschriftungen und -bearbeitungen.

In Windows 8 ist die neue Foto-App als Standard für die Bildbetrachtung vorgesehen. Damit die Fotos in der Bildbibliothek der Foto-App erscheinen, muss man sie in den Ordner «Eigene Bilder» kopieren. Zum Betrachten reicht die App aus. Für eine sinnvolle Fotoverwaltung genügen die Funktionen der App jedoch nicht. Deshalb lohnt es sich auch für Nutzer von Windows 8, die Windows Live Fotogalerie 2012 zu installieren.

Das Live-Paket, in dem die Fotogalerie enthalten ist, umfasst eine ganze Reihe weiterer Software. Im Zuge der Installation können Sie entscheiden, was davon Sie auf Ihrem Computer haben möchten. Später können Sie immer noch die heruntergeladene Installationsdatei erneut anklicken und Fehlendes nachinstallieren.

Fotos importieren und automatisch gruppieren

Wenn Sie ein USB-Gerät an Ihren PC anschliessen, öffnet sich ein Fenster, in dem Ihnen mehrere Optionen angeboten werden. Eine davon ist «Bilder und Videos mit Windows importieren». Dies ist der integrierte Importassistent. Er bietet jedoch keine Fotoübersicht und ermöglicht so auch keine Auswahl der zu importierenden Bilder. Das bessere Werkzeug ist deshalb die Windows Live Fotogalerie.

Beim Öffnen der Windows Live Fotogalerie werden Sie zur Eingabe Ihres Benutzernamens (Windows Live ID) und Ihres Kennworts aufgefordert. Die Anmeldung ist aber nicht notwendig, wenn Sie keine Online-Funktionen nutzen möchten. In diesem Fall, können Sie das Fenster einfach wegklicken.

Ein Doppelklick auf das Symbol der Fotogalerie öffnet ein weiteres Fenster, welches meldet, dass nun auf der Kamera nach Bildern (und Videos) gesucht wird. Nach Abschluss des Vorgangs ändert sich der Fensterinhalt. Er zeigt die Anzahl der gefundenen Fotos und Vi-

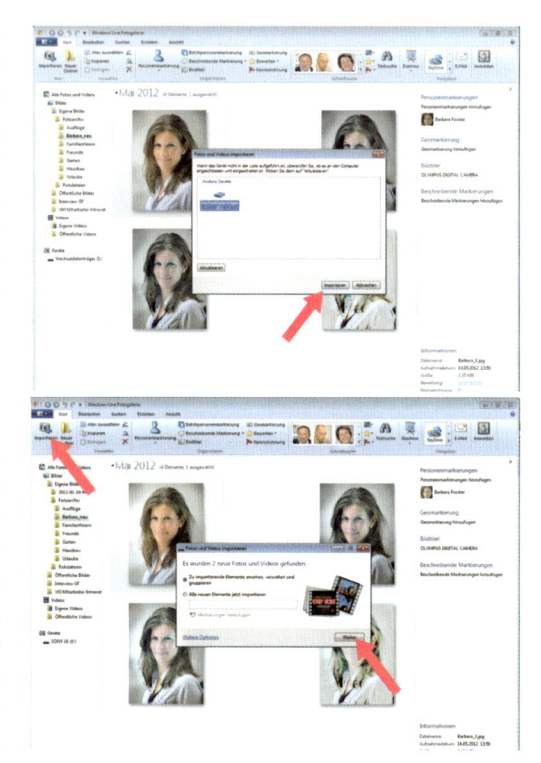

Windows Live Fotogalerie: Nach dem Klick auf «Importieren» wählen Sie die Option «Zu importierende Elemente ansehen, gruppieren und verwalten». So können Sie die Importeinstellungen von Beginn an beeinflussen.

deos und der Punkt «**Zu importierende Elemente ansehen, verwalten und gruppieren**» ist markiert. Genau darin besteht der entscheidende Unterschied der Live-Fotogalerie zur ursprünglichen Vista-Version.

Klicken Sie auf «**Weiter**», um zu einem Übersichtsfenster mit praktischen Zusatzfunktionen zu gelangen. Hier werden die auf der Kamera oder dem Handy befindlichen Fotos nicht nur im Kleinformat angezeigt, sondern anhand des Aufnahmedatums beziehungsweise der Aufnahmezeit automatisch in Gruppen zusammengefasst.

Mit dem Schieberegler lässt sich die Gruppenzusammenstellung beeinflussen, indem Sie den Zeitabstand zwischen den einer Gruppe zugeordneten Fotos vergrössern oder verkleinern (stufenweise zwischen 30 Minuten und 29 Tagen). Sie können damit aber auch alle Fotos in einer einzigen Gruppe zusammenfassen.

Bilder beschriften

Jeder Gruppe können Sie einen Namen geben. Dieser wird standardmässig für den jeweiligen Ordner (= Gruppe) übernommen. Optionen dazu finden Sie im oben erwähnten Fenster, das die Anzahl der gefundenen Fotos anzeigt. Hier können Sie zum Beispiel zum Ordnernamen noch das Aufnahme- oder das Importdatum hinzufügen lassen. Und Sie können den Namen auch als Titel für die Bilder übernehmen.

In der Standardeinstellung behalten die Fotos ihren von der Kamera vergebenen, fortlaufend nummerierten Originaldateinamen bei (zum Beispiel DSC_2350, DSC_2351 etc.). Eine nachträgliche Umbenennung ist immer noch möglich und auch sinnvoll, weil die Dateinamen/Bildtitel in die Suche («**Start/Suchen**») mit einbezogen werden.

Neben einem Namen können Sie den Fotos eine oder mehrere – durch Strichpunkte voneinander getrennte – Markierungen hinzu-

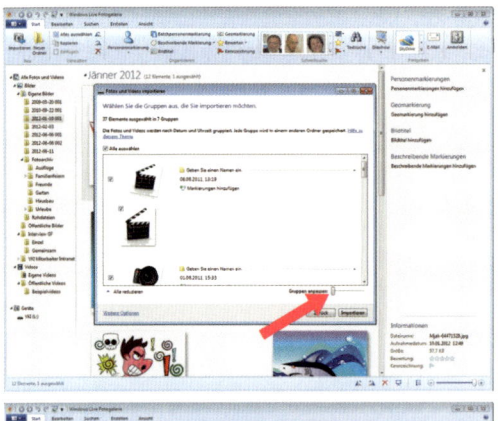

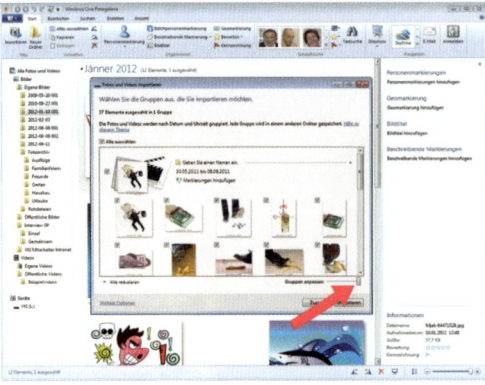

Windows Live Fotogalerie: Die gefundenen Fotos werden automatisch gruppiert. Mit dem Schieberegler rechts unten kann man Einfluss auf die Gruppenzusammensetzung nehmen. Bewegt man ihn ganz nach rechts, werden alle Fotos einer einzigen Gruppe zugeordnet.

fügen. In den Vorgängerversionen der Windows Live Fotogalerie hiessen sie «Beschriftungen». Dabei handelt es sich um Metadaten (siehe Kasten Seite 49). Sie dienen zum raschen Sortieren und Wiederauffinden der Fotos, zum Beispiel mit der Windows Live Fotogalerie oder mit der Suchfunktion «**Start/Suchen**».

Um diese zusätzlichen Bildinformationen zu sehen, klicken Sie mit der rechten Maustaste auf ein Bild und wählen im Menü «**Eigenschaften/Details**» (siehe auch Kasten Seite 56).

Fotos betrachten und auswählen

In der Mitte des Fotogalerie-Programmfensters sehen Sie nun eine Übersicht der importierten Fotos, geordnet nach den zuvor festgelegten Gruppen. Links davon findet sich in einer Spalte (Navigationsbereich) übersichtlich die den Gruppen entsprechende Ordnerstruktur. Wählen Sie den Ordner «Eigene Bilder» aus oder (unter Windows 7 und 8) die Bibliothek «Bilder», dann werden sämtliche Fotos der dazugehörigen Unterordner angezeigt.

Wenn Sie den Mauszeiger auf ein beliebiges Bild stellen, öffnet sich nach wenigen Sekunden eine vergrösserte Vorschau. Wenn Sie in der unteren Leiste das Symbol gleich neben dem Schieberegler (der zur Grössenänderung der Miniaturansichten dient) anklicken, können Sie die wichtigsten Bildinformationen einblenden. Hier haben Sie die Möglichkeit, einem Bild einen Titel zu geben, den Dateinamen und das angegebene Datum zu ändern oder das Bild nach dem Prinzip der Hotelkategorien mit Sternen zu bewerten.

Durch Klick auf das Fähnchen rechts oben können Sie das Bild kennzeichnen, um es zum Beispiel für eine bestimmte Verwendung oder zum späteren Bearbeiten vorzumerken.

Die übrigen Symbole in der unteren Leiste sind selbsterklärend: Sofern hochformatig aufgenommene Fotos nicht bereits automatisch

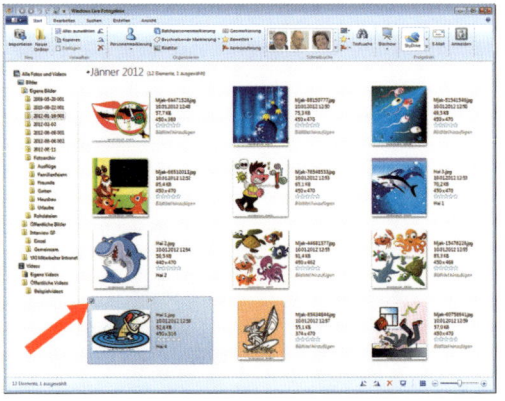

Windows Live Fotogalerie: Die automatische Bildvorschau und die Möglichkeit, die Bildinformationen einzublenden, erleichtern die Übersicht. Durch Setzen eines Hakens können Sie beliebig viele Bilder markieren, um Sie zum Beispiel gleichzeitig zu drehen oder zu löschen.

Vista, Windows 7 und 8: Metadaten lesen und verwalten

Die Windows Live Fotogalerie 2011 oder 2012 zeigt bei Rechtsklick auf ein Foto und Wahl von «**Eigenschaften/Details**» die Metadaten (siehe Seite 49) an und erlaubt gewisse Änderungen. Allerdings handelt es sich nur um einen Ausschnitt daraus.

Wenn Sie ein Bild weitergeben oder im Internet veröffentlichen, ist es sinnvoll, die Metadaten zu löschen. Das können Sie direkt im Programm Fotogalerie tun unter «**Eigenschaften/Details/Eigenschaften und persönliche Informationen entfernen**».

Zum Lesen, Bearbeiten und Löschen von Metadaten gibt es auch spezielle Programme. Diese sind im Kasten auf Seite 52 aufgeführt.

gedreht wurden, können Sie diese mit den blauen Pfeilen drehen. Sie können zuvor markierte Fotos löschen oder sich nach dem Markieren eines Ordners eine Diashow anzeigen lassen. Die Diashow beenden Sie mit der Esc-Taste.

Bilder, die Sie drehen oder löschen möchten, wählen Sie folgendermassen aus: Sobald Sie den Mauszeiger auf ein Foto stellen, erscheint links oben ein kleines weisses Quadrat. Ein Klick in das Quadrat setzt einen Haken, ein weiterer Klick entfernt ihn. So markieren Sie beliebig viele Fotos.

Das Menüband: Die wichtigsten Funktionen

Die erwähnten und weitere Funktionen finden Sie oben in der Menüleiste. Sie heisst ab Windows 7 Menüband und arbeitet mit Symbolen, die auf mehrere Menüpunkte aufgeteilt sind. Letztere fungieren quasi als Karteikartenreiter. Die wichtigsten Funktionen:

■ Das dunkelblaue Feld «**Datei**» links oben öffnet ein Fenster zu wichtigen Features, wie dem Fotoimport, der Druckfunktion, dem Brennen von Fotos auf CD oder DVD oder den Programmoptionen.

■ «**Ordner hinzufügen**» erlaubt es, Fotoordner, die sich ausserhalb des «Bilder»-Ordners befinden, zu integrieren. Das bedeutet, dass Sie Ordner plus Inhalt mit der Fotogalerie verwalten können, die Fotos selbst aber an ihrem ursprünglichen Speicherort bleiben. Das ist zum Beispiel auch dann wichtig, wenn Sie all Ihre Fotos nicht auf dem Computer, sondern auf einer externen Festplatte abspeichern.

Wenn dies der Fall ist, sollten Sie in der Windows Live Fotogalerie auch den Speicherort für die zu importierenden Fotos ändern. Wählen Sie den Ordner auf der externen Festplatte, in den alle Unterordner und Fotos künftig automatisch kopiert werden sollen mit «**Optionen/Importieren/Importieren nach/Durchsuchen**».

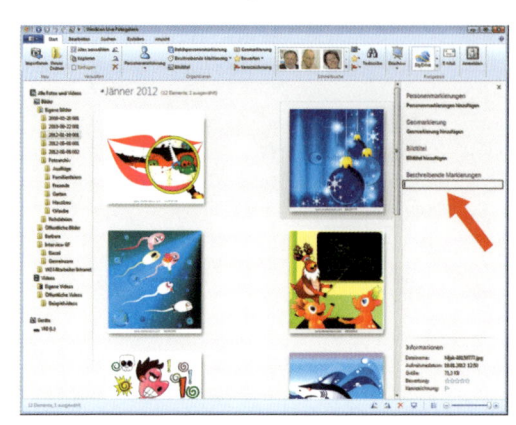

Windows Live Fotogalerie: Im Feld «Beschreibende Markierungen» können Sie Bilder mit Zusatzinformationen (Stichwörter) versehen.

- Beim Menüpunkt «Start» haben Sie nochmals die Möglichkeit, Fotos zu importieren, oder können bei Bedarf neue Ordner anlegen. Wenn Sie Letzteres tun oder Ordner und Bilder verschieben, dann verändern Sie tatsächlich die ursprüngliche Ordnerstruktur, so als würden Sie im Explorer arbeiten. Rechts daneben finden Sie diverse Bildverwaltungsmöglichkeiten, die keiner Erklärung bedürfen.

Der Menüpunkt «Start» enthält unter anderem auch eine Schnellsuchfunktion. Die Suche kann eingeschränkt werden auf bestimmte Personen, Monate, Bewertungen, Kennzeichnungen beziehungsweise Stichwörter (Textsuche). Zur detaillierten Suche mit zusätzlichen Kriterien (zum Beispiel konkrete Datumsangaben oder ausschliesslich Fotos, die mit drei Sternen bewertet wurden) müssen Sie zum Menüpunkt «Suchen» wechseln.

- Unter dem Menüpunkt «Ansicht» können Sie einstellen, nach welchen Gesichtspunkten die Bilder geordnet werden (z.B. Datum, Personen). Die rechte Hälfte des Menübandes bietet Optionen zum Einblenden verschiedener Bildinformationen zu jedem Foto.
- Interessant ist der Bereich «Organisieren». Wenn Sie auf «Beschreibende Markierung» (= Stichwörter), «Bildtext» oder «Geomarkierung» klicken, öffnet sich rechts eine Spalte. Hier können Sie entsprechende Informationen zu jenen Bildern hinzufügen, die Sie zuvor mit einem Häkchen ausgewählt haben (siehe Bild links).

TIPP

Ordner mit Metadaten sichern und exportieren

Die meisten Metadaten sind fester Bestandteil der Fotodatei. Bewertungen, eigene Beschriftungen, Personen- und Geomarkierungen sowie die Originale der bearbeiteten Fotos werden jedoch im Programm gesondert gespeichert. Diese Daten würden zum Beispiel bei einem Festplattencrash oder beim Computerwechsel verloren gehen.

Deshalb sollten Sie den Ordner «**Windows Live Photo Gallery**» regelmässig auf einen externen Datenträger kopieren. Bei Bedarf können Sie ihn in das gleichnamige Verzeichnis der neuen Fotogalerie zurückkopieren. Wichtig ist jedoch, dass die Ordnerstruktur und der Speicherort der Fotos mit den früheren übereinstimmen. Der Ordner befindet sich unter:
- **Windows XP:** «**C:\(Benutzername)\Lokale Einstellungen\Anwendungsdaten\Microsoft**»
- **Vista/Win 7 und Win 8:** «**C:\Benutzer\ (Benutzername)\AppData\Local\Microsoft**»

Versteckte Ordner sichtbar machen
Sollten Sie nicht alle genannten Ordner finden, müssen Sie die versteckten Ordner sichtbar machen:
- **Bei Windows XP und Vista:** In der Explorer-Menüleiste Klick auf «**Extras/Ordneroptionen/Ansicht/(Erweiterte Einstellungen)/(Versteckte Dateien und Ordner)/Alle Dateien und Ordner anzeigen**».
- **Bei Windows 7** erscheint die Menüleiste im Explorer nach dem Drücken der Alt-Taste. Klick auf «**Ausgeblendete Dateien, Ordner und Laufwerke anzeigen/OK**».
- **Für Windows 8** gilt: «**Ansicht/Ein-/ausblenden/Ausgeblendete Elemente (Häkchen)**».

6 Fotos verwalten

Gesichtserkennung

Beim Klick auf «**Personenmarkierungen hinzufügen**» geschieht dasselbe wie beim Klick auf das Symbol «**Personenmarkierung**»: Ein Fenster mit einem Eingabefeld und der Option «**Neue Person hinzufügen**» wird eingeblendet. Hier können Sie eingeben, welche Personen sich auf dem Foto befinden.

Die Option «Personenmarkierungen hinzufügen» benötigen Sie, wenn die automatische Gesichtserkennung auf dem Foto keine Person gefunden hat. Das Programm deutet nämlich ein Motiv anhand bestimmter Merkmale als menschliches Gesicht. Dies klappt allerdings nur dann, wenn die Personen möglichst frontal in die Kamera schauen.

Möchten Sie also eine nicht gefundene Person markieren, dann haben Sie die Möglichkeit, durch Drücken der linken Maustaste ein Quadrat über deren Gesicht zu ziehen und den Namen einzugeben.

Hat die automatische Gesichtserkennung hingegen geklappt, sehen Sie in der rechten Spalte einen oder mehrere quadratische Fotoausschnitte mit Gesichtern und der Frage «Wer ist das?». Wenn Sie auf einen dieser Ausschnitte klicken, wird die betreffende Person auf dem grossen Foto markiert und Sie können ihr einen Namen zuordnen.

Die Gesichtserkennung der Windows Live Fotogalerie 2012 leistet aber noch mehr: Wenn Sie auf das etwas dunklere Feld mit dem Pfeil klicken, das beim Darüberfahren mit dem Mauszeiger neben den Fotoausschnitten angezeigt wird, finden Sie die Option «**Alle Vorschläge anzeigen**». Wenn Sie diese Option wählen, erhalten Sie in einem neuen Fenster eine ganze Reihe von Vorschlägen, auf welchen Ihrer Fotos die betreffende Person sonst noch zu sehen sein könnte. Sollte die Option nicht aktiv sein, dann hat das Programm keine weiteren Fotos mit dieser Person gefunden.

Allerdings: Trotz hoher Trefferquote arbeitet die Gesichtserkennung nicht fehlerlos und es sind

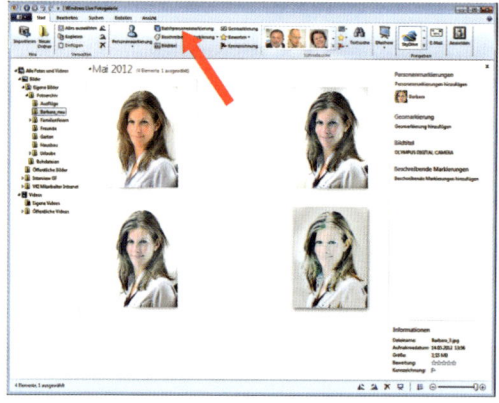

Windows Live Fotogalerie: Batch-Personenmarkierung und Personenmarkierung sind halbautomatische Funktionen zur Benennung von Personen.

auch falsche Personen darunter, die einer anderen Person ähnlich sehen. Deshalb haben Sie nun die Möglichkeit, die korrekten Fotos zu markieren. Am schnellsten geht das in der Regel, wenn Sie alle Treffer anwählen und die falschen danach abwählen. Zum Schluss klicken Sie auf «Markieren als» und geben den Namen ein oder wählen ihn aus der Liste, falls er bereits vorhanden ist.

Wichtig: Personenmarkierungen sind kein Bestandteil der Bilddatei. Dasselbe gilt für andere nachträglich eingefügte Infos. Sie werden im Programm gesondert gespeichert. Den Ordner mit diesen Daten sollten Sie – wie die Fotos – regelmässig extern sichern. So können Sie die Daten bei einem Computer- oder Festplattenwechsel jederzeit zurückkopieren (siehe Kasten Seite 57).

Fotoimport und -verwaltung mit Google Picasa

Der Internetriese Google ist in den unterschiedlichsten Bereichen aktiv, sozusagen als Komplettanbieter vorwiegend kostenloser Programme und Dienstleistungen. Ein sehr erfolgreiches Projekt ist die kostenlose Bildverwaltungssoftware **Picasa** (derzeit in Version 3). Sie ist für alle Windows-Betriebssysteme geeignet und braucht den Vergleich mit anderen kommerziellen Programmen nicht zu scheuen.

Die Picasa-Software können Sie unter http://picasa.google.com downloaden. Bestandteil des Downloads ist der **Picasa Photo Viewer**, ein Bildbetrachter, der auf

> **TIPP**
>
> **Picasa ohne Zusätze installieren**
>
> Wie bei kostenloser Software üblich, werden auch bei Picasa mehr Funktionen installiert, als man vielleicht möchte. Wenn Sie beim Einrichten nicht zu hastig vorgehen, können Sie manches durch das Entfernen des entsprechenden Hakens verhindern, so zum Beispiel «Google als Standard-Suchmaschine für den Internet Explorer festlegen» oder «Anonyme Nutzungsstatistiken an Google senden».
>
> Den Picasa Photo Viewer sollten Sie hingegen als Bildbetrachter für sämtliche Fotodateien einrichten, denn er ist optimal auf Picasa abgestimmt (Klick auf «Alle auswählen»).

Picasa abgestimmt ist. Es macht deshalb Sinn, ihn zu verwenden.

Picasa bietet die Möglichkeit, Fotos im Internet zu speichern und in Webalben zu veröffentlichen (siehe Seite 91). Das Programm lässt sich aber auch ohne Online-Dienste nutzen. Eine Anmeldung ist dann nicht nötig.

Die Basisfunktionen bei Picasa sind ähnlich wie bei der Windows Live Fotogalerie 2012 (siehe Seite 52 ff.). Im Vergleich zur Windows Fotogalerie erfordert Picasa etwas mehr Einarbeitungszeit, bietet dann aber im Rahmen der wichtigsten Funktionen praktische Zusatzmöglichkeiten.

Unter dem Strich sind die beiden Programme annähernd gleichwertig. Wer wenig bis gar kein Vorwissen mitbringt, wird vermutlich bei der Fotogalerie besser aufgehoben sein.

Recht brauchbare Hilfestellung für Picasa-Einsteiger bietet Google im Internet auf http://support.google.com/picasa.

6
Fotos verwalten

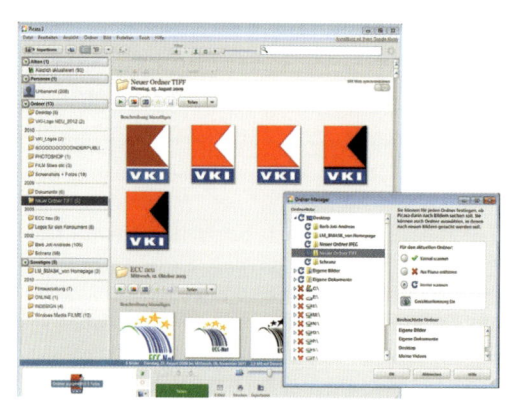

Picasa: Im Ordner-Manager lassen sich nicht gewünschte Ordner ausschliessen. Das beschleunigt den Scan-Vorgang.

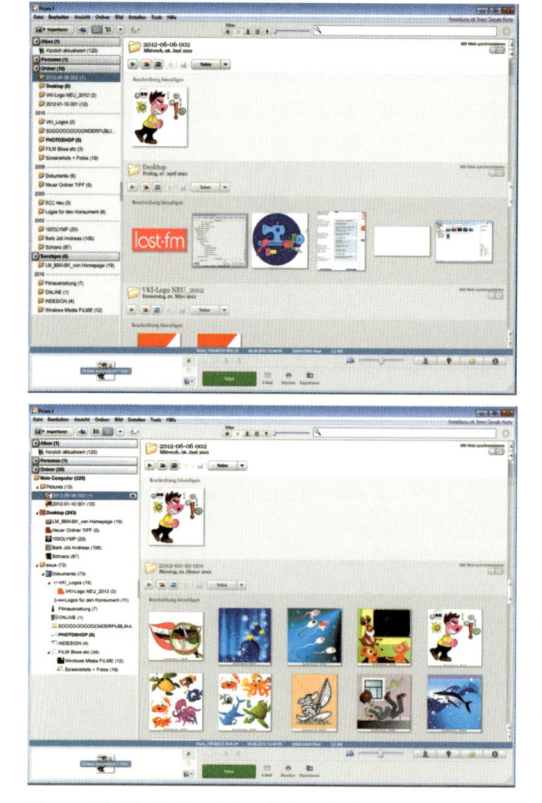

Picasa: Die Navigationsleiste links erlaubt sowohl eine chronologische Ansicht der Ordner als auch die Baumstruktur wie im Windows Explorer.

Ordner verwalten

Picasa kann sowohl ein bestehendes Ordnersystem übernehmen als auch Fotos direkt importieren und neue Ordner anlegen. Im Zuge der Erstinstallation müssen Sie dem Programm mitteilen, ob es nur Ihren PC nach Bildern durchsuchen oder auch auf externe Festplatten zugreifen soll.

Abhängig vom Umfang der Fotosammlung nimmt dies einige Zeit in Anspruch. Den Fortgang der Suche können Sie links im Navigationsbereich nachverfolgen. Hier (dritte und vierte Schaltfläche von links) haben Sie die Wahl zwischen einer chronologischen Ansicht und der vom Windows Explorer gewohnten Baumstruktur, die der vorhandenen Ordnerstruktur entspricht. Diese wird von Picasa nicht verändert.

Ein wenig anders als im Explorer ist die Handhabung der Ordner. Möchten Sie einen Ordner verschieben oder löschen, dann geht das nicht direkt. Sie müssen mit der rechten Maustaste darauf klicken und bekommen dann diverse Optionen angeboten.

Soll hingegen ein Ordner nicht gelöscht, sondern nur aus der Picasa-Anzeige ausgeschlossen werden, dann verwenden Sie dazu den Ordner-Manager. Sie finden ihn in der Menüleiste unter «Tools». Hier können Sie auch festlegen, ob Picasa bestimmte Ordner regelmässig scannen soll. Das macht aber nur Sinn, wenn sich deren Inhalt regelmässig ändert, wie es etwa bei den «Eigenen Bildern» der Fall ist. In diesen Ordner importieren Sie üblicherweise neue Fotos.

Tipp: Den Ordner-Manager können Sie bereits aufrufen, während Picasa zum ersten Mal Ihren Fotobestand durchforstet. Durch Ausschluss nicht erwünschter Ordner beschleunigen Sie den Scan-Vorgang.

Direkt unter der Menüleiste finden Sie eine Reihe von Schaltflächen. Die fünfte von links, gekennzeichnet mit einem auf dem Kopf stehenden Dreieck, eröffnet zusätzliche Anzeigeoptionen für den Navigationsbereich. Dort können Sie Kriterien für die Auflistung der Ordner festlegen (Datum, Name, Grösse etc.).

Picasa-Alben

Anders als die Windows Live Fotogalerie kennt Picasa nicht nur den klassischen Ordner, sondern auch das Album. Während sich die Ordner tatsächlich auf Ihrer Festplatte befinden und auch über den Windows Explorer zugänglich sind, existieren Alben ausschliesslich in Picasa und nur virtuell.

Wenn Sie zum Beispiel ein Album mit Fotos Ihrer Kinder zusammenstellen möchten, dann können Sie aus jedem beliebigen Ordner Fotos zum Album hinzufügen. Die Ordnerstruktur wird dabei nicht verändert, die Originale bleiben an ihrem Platz. Das Album dient in erster Linie dazu, ausgewählte Fotos nach Themen sortiert anzuschauen, zum Beispiel in einer Diashow.

Auch das Verschieben oder Löschen von Fotos, die sich in einem Album befinden, oder das Löschen der Alben selbst hat keine Auswirkungen. Sobald Sie allerdings ein Foto bearbeiten, das in einem Album enthalten ist, verändern Sie auch das Original. Ganz so, als würden Sie in seinem tatsächlichen Ordner darauf zugreifen.

Ein Album ist bereits standardmässig in Picasa enthalten, nämlich «**Kürzlich aktualisiert**». Es ent-

Picasa: Das Album «Kürzlich aktualisiert» ist standardmässig angelegt und erleichtert die Übersicht über neu importierte Fotos.
Beim Zusammenstellen eines neuen Albums wird die «Ablage» mit Miniaturansichten befüllt. Ein Klick auf die Stecknadel fixiert die Auswahl, und Sie können zum nächsten Ordner wechseln.

6 Fotos verwalten

hält alle neu importierten Fotos. Dieses Album kann nicht gelöscht werden.

Neue Alben zusammenstellen
Über «Datei/Neues Album» legen Sie ein individuelles neues Album an, geben ihm einen Namen und bei Bedarf ein anderes Datum als das aktuelle. Zudem können Sie Angaben zum Ort und zum Inhalt machen.

Befüllen können Sie das Album dann durch Auswahl eines oder mehrerer Bilder aus einem Ordner. Diese werden als Miniaturen am linken unteren Bildrand in der «Ablage» angezeigt. Möchten Sie die gewählten Fotos behalten, dann klicken Sie auf die Schaltfläche mit der grünen Stecknadel (siehe Bild Seite 61). Nun können Sie zum nächsten Ordner gehen und den Vorgang wiederholen.

Sobald Sie den Inhalt Ihres Albums zusammengestellt haben, klicken Sie auf die Schaltfläche mit dem blauen Fotoalbum-Symbol. Wählen Sie dann den Namen des von Ihnen erstellten Albums, um Ihre Auswahl darin aufzunehmen.

Sie können die gewünschten Fotos auch direkt aus dem Ordner in das neue Album schieben. Die Fotos erscheinen dort, ohne aus dem Ordner zu verschwinden.

Fotos importieren
Der Import neuer Fotos erfolgt direkt aus dem Programm heraus. Starten Sie Picasa, schalten Sie Ihre mit dem PC verbundene Kamera ein und klicken Sie links oben auf die Schaltfläche «Importieren». Nun sehen Sie eine Übersicht der auf der Kamera enthaltenen Bilder sowie rechts davon eine grosse Einzelbildansicht. Hier können Sie gleich eine Vorauswahl treffen und misslungene Aufnahmen vom Import ausschliessen.

Die Option «Duplikate ausschliessen» ist standardmässig aktiviert. Das ist sinnvoll, um ungewollte Dubletten zu verhindern.

Links unten können Sie den übergeordneten Ordner wählen, in den Sie die Fotos importieren möchten. Daneben können Sie dem neu anzulegenden Unterordner, in dem die neuen Fotos abgelegt werden, einen Namen geben.

Alternativ dazu wählen Sie das Aufnahmedatum oder das Importdatum. Dann werden Fotos, die an unterschiedlichen Tagen aufgenommen oder importiert wurden, in separaten Ordnern abgelegt.

Ob Sie die Fotos nach dem Import automatisch von der Speicherkarte löschen möchten, ist Ihre Entscheidung. Sicherer ist es, sie noch auf dem Chip der Kamera

Picasa: Im Importfenster lassen sich misslungene Aufnahmen vom Import ausschliessen.

zu belassen («**Keine Aktion für die Karte durchführen**»), bis Sie auf einem weiteren Datenträger eine Sicherungskopie angelegt haben.

Nun importieren Sie wahlweise alle Fotos oder eine Auswahl. Unmittelbar danach finden Sie Ihre Fotos in der Übersicht von Picasa, entsprechend der vorher getätigten Voreinstellungen auf einen oder mehrere Ordner aufgeteilt.

Gesichtserkennung

Im Hintergrund ist die Gesichtserkennung aktiv und versucht den Personen auf den Fotos Namen zuzuordnen. Die Vorschläge werden im Navigationsbereich auf der linken Seite unter «**Unbenannt**» aufgelistet. Bereits vorhandene Personenbeschreibungen werden mit Bild gesondert angeführt. In allen Fällen handelt es sich um Alben, nicht um Ordner.

Erscheint neben einem Personenalbum ein Fragezeichen, befinden sich darin Bilder, die noch nicht zugeordnet sind. Wenn Sie das Album mit den unbenannten Personen öffnen, können Sie Namen hinzufügen. Klicken Sie dazu auf das Personen-Symbol in der Leiste rechts unten. Dies öffnet rechts eine Spalte, welche durch Namensvorschläge das Beschriften der Fotos beschleunigt, sobald Sie die ersten Namen in Picasa eingegeben haben.

Ortserkennung

Die rechte Spalte bietet noch weitere praktische Funktionen. Wenn Sie unten statt des Personensymbols das rote Symbol anklicken, lassen sich die Standorte auf einer Karte anzeigen, wo das Foto geschossen wurde (eine sogenannte Geomarkierung).

Sofern das Foto nicht bereits eine Geomarkierung aufweist, können Sie hier eine zuweisen. Suchen Sie auf der eingeblendeten Karte den betreffenden Ort, klicken Sie auf das grüne Markierungssymbol und platzieren Sie es dann an der richtigen Stelle auf der Karte (siehe Bild unten). Dies funktioniert auch für mehrere markierte Fotos gleichzeitig. Die Frage «Fotos hier platzieren?» beantworten Sie mit Klick auf «**OK**».

Bilder beschriften

Wieder eine Schaltfläche weiter rechts gelangen Sie zu den beschreibenden Zusatzinformationen (Tags). Auch hier gibt es mit den «Schnelltags» eine praktische Funktion, um das Beschriften zu beschleunigen. Häufig verwendete Schlagwörter lassen sich dafür vorgesehenen Schaltflächen zuordnen.

Picasa: Auf Google Maps kann man den Ort markieren, wo das Foto geknipst wurde.

Die letzte Schaltfläche schliesslich, mit dem weissen «i» im blauen Kreis, enthüllt die Metadaten (siehe Kasten Seite 49) plus den originalen Speicherort des markierten Fotos. Das funktioniert auch, wenn Sie mehrere Fotos markiert haben. Dann werden die Daten für all diese Bilder untereinander aufgelistet.

Der Umfang der von Picasa angezeigten Metadaten ist recht gross. Mit Ausnahme des Aufnahmedatums – hier Kameradatum genannt –, das man nach Rechtsklick auf die entsprechende Spalte ändern kann, bietet das Programm aber keine Eingriffsmöglichkeiten. Möchten Sie die Metadaten ändern, dann müssen Sie auf ein externes Programm zurückgreifen (siehe Kasten Seite 52).

Der gelbe Stern entspricht dem Fähnchen der Windows Fotogalerie und versteht sich als programminterne Markierung, zum Beispiel um sich Bilder zu merken, die man noch bearbeiten möchte. Mit Stern versehen (und auch drehen) können Sie Fotos, wenn Sie sie anklicken. Im unteren Balken befinden sich die entsprechenden Schaltflächen.

Noch ein Hinweis dazu: Ob Sie in Picasa auf ein Foto rechtsklicken und «Eigenschaften» wählen oder ob Sie dies im Windows Explorer tun, hat unterschiedliche Auswirkungen. In Picasa öffnet dies das programmeigene Fenster, von dem hier gerade die Rede war. Im Explorer ist es das in Windows integrierte Fenster mit den Fotodetails.

Bilder suchen

Wie in der Fotogalerie von Windows, gibt es bei Picasa am oberen Rand des Programmfensters Filter, die bei der Bildersuche hilfreich sind. So können Sie sich mit Stern markierte Fotos, solche mit Gesichtern oder mit Geotags anzeigen lassen, oder Sie kombinieren diese Filter. Die Textsuchfunktion gibt es natürlich ebenso, und Sie können mittels Schieberegler festlegen, wie alt die Fotos maximal sein dürfen, die in der Übersicht angezeigt werden.

Speichermöglichkeiten und ihre Auswirkungen

Wenn Sie Fotos weitergeben, auf andere Geräte kopieren oder bearbeiten möchten, kommen Sie nicht umhin, die Änderungen abzuspeichern. Picasa ist – ähnlich wie die Windows Live Fotogalerie – so konzipiert, dass dabei die Original-

---

Picasa: Metadaten sichern

Auch bei Picasa werden nachträglich eingefügte Beschriftungen (Tags), Alben und Änderungen im Programm gesondert gespeichert. Die Ordner mit diesen Daten sollten Sie – wie die Fotos – regelmässig extern sichern. So können Sie die Daten bei einem Computer- oder Festplattenwechsel jederzeit zurückkopieren (siehe Kasten Seite 57).

Die Dateien, in denen die Änderungen, die Personen- und Geotags sowie die Alben vermerkt sind, befinden sich in den Ordnern «Picasa2» beziehungsweise «Picasa2Albums» unter:
Windows XP: «C:\(Benutzername)\Lokale Einstellungen\Anwendungsdaten\Google»
Vista, Windows 7 und 8: «C:\Benutzer\(Benutzername)\AppData\Local\Google»)

fotos erhalten bleiben und sämtliche Änderungen in einer Kopie gespeichert werden.

Je nachdem, wie Sie speichern, ändert sich in den meisten Fällen der Speicherort der Originaldateien auf der Festplatte.

■ **Speichern:** Wenn Sie bei einem einzelnen in Detailansicht geöffneten Foto auf «Datei/Speichern» klicken oder in der Übersicht durch Klick auf das Diskettensymbol die Änderungen für den gesamten Ordner speichern, dann werden die Originalfotos unverändert in den Unterordner «.picasaoriginals» verschoben.

Dieser bleibt im selben Ordner wie die bearbeiteten Kopien, er ist aber unsichtbar. Sie können bei den Einstellungen im Explorer versteckte Ordner sichtbar machen (siehe Kasten Seite 57).

Die Originale sind im «.picasaoriginals»-Ordner frei zugänglich und können kopiert, aber nicht verschoben werden. Zugleich erscheint eine mit einem Zahnradsymbol gekennzeichnete Datei namens «.picasa», in der das Programm Einstellungsinformationen abspeichert.

■ **Kopie speichern:** Wenn Sie auf «Datei/Kopie speichern» klicken, wird die Kopie automatisch im selben Ordner wie das Original abgelegt und erhält zur Unterscheidung im Dateinamen den Zusatz «-001». Das Original bleibt, wo es ist.

■ **Speichern unter:** Auch wenn Sie «Datei/Speichern unter» wählen, bleibt das Original am ursprünglichen Platz. In den beiden letzten Fällen zeigt ausschliesslich Picasa später die bearbeitete Version, jeder andere Bildbetrachter jedoch das unveränderte Original.

■ **Exportieren:** Sie können auch eine Auswahl von Fotos «Exportieren». Die Schaltfläche dazu befindet sich ganz unten im Programmfenster neben der Ablage. Hier werden die bearbeiteten Kopien an einem Ort Ihrer Wahl abgelegt, das Original bleibt am ursprünglichen Platz. Beim Exportieren können Sie entscheiden, ob Sie die Fotos in Originalgrösse oder komprimiert speichern möchten.

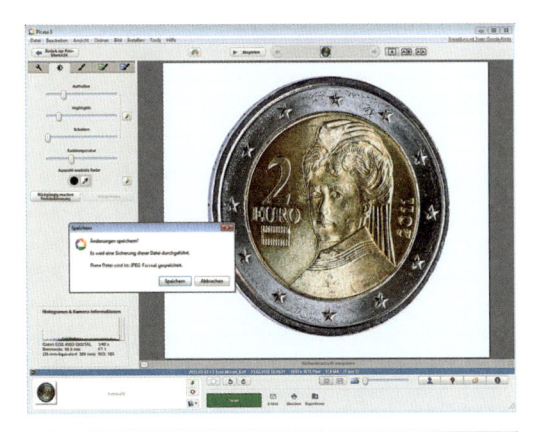

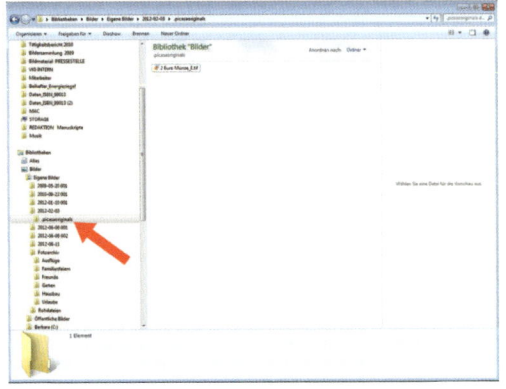

Picasa: Beim herkömmlichen Speichern wird das Original eines bearbeiteten Fotos im Ordner «.picasaoriginals» abgelegt.

Externe Sicherungskopie erstellen

Unabhängig davon, welche Speichervariante Sie wählen, sollten zusätzlich zu den oben genannten Ordnern auch alle Unterordner namens «.picasaoriginals» und die «.picasa»-Dateien gesichert werden. Am sinnvollsten ist es, den gesamten Ordner «Eigene Bilder» auf eine externe Festplatte zu kopieren. Später brauchen Sie nur noch jene Ordner zu kopieren, in denen Sie Änderungen vorgenommen haben. Auf diese Weise bleibt die gesamte Ordnerstruktur inklusive der Picasa-Informationen erhalten.

Picasa enthält alternativ dazu eine integrierte Sicherungsmöglichkeit unter «Tools/Bilder sichern...». In einem ersten Schritt erstellen Sie einen sogenannten Sicherungssatz («Neuer Satz»), dem Sie einen individuellen Namen geben.

Dann wählen Sie die Art des Datenträgers, im Falle einer externen Festplatte den Speicherort und die Option «Alle Dateitypen». Bestätigen Sie mit «Erstellen» und klicken Sie in einem zweiten Schritt auf «Alle auswählen» und danach rechts daneben auf «Datensicherung».

Das Programm merkt sich, welche Dateien bereits gesichert wur-

Kostenpflichtige Software: ACDSee und Photoshop Elements

Es gibt viele kostenpflichtige Programme für die Bildverwaltung. Bewährte Produkte sind ACDSEee und Photoshop Elements.

ACDSee
www.acdsee.com
Auch in der Standardversion ohne den Zusatz «Pro» bietet ACDSee einen grossen Funktionsumfang. Das Programm zeichnet sich durch seine Schnelligkeit beim Durchsuchen des Bildbestands aus. Ausserdem setzt es nicht nur auf herkömmliche Tags, sondern auf hierarchische Kategorien. Das sind Stichwörter, die man in thematisch zusammenhängenden Ordnern und Unterordnern reihen kann (z.B. Natur als Überbegriff, der sich dann in Pflanzen und Tiere teilt, weiter in Blumen und Bäume, Säugetiere und Insekten usw.). Personen-Tags werden derzeit nicht unterstützt, dafür aber Geo-Tags.

Zudem gibt es zahlreiche Bearbeitungsmöglichkeiten und eine Internetplattform zur Veröffentlichung der Fotos. Die Originaldateien bearbeiteter Fotos bleiben erhalten.

Photoshop Elements
www.adobe.com/ch_de/downloads
Anders als bei ACDSee und Picasa steht bei Adobe Photoshop Elements die fortgeschrittene Bildbearbeitung im Mittelpunkt. Hier finden auch ambitionierte Amateure eine grosse Vielfalt an Möglichkeiten zum kreativen Bearbeiten von Fotos – ob manuell oder automatisiert (siehe Seite 76 f.).

Ebenfalls automatisiert sind die intelligenten Werkzeuge, die der integrierte «Organizer» zur Bildverwaltung mitbringt. Er sortiert zum Beispiel die Fotos nach der Aufnahmequalität oder weist ihnen nach Analyse des Bildmotivs selbsttätig passende Tags zu. Das kann praktisch sein, ist aber für manche User schon ein Zuviel an Funktionen. Nicht jeder kommt damit zurecht.

Eine Sicherungsmöglichkeit der programminternen Datenbank, hier «Katalog» genannt, ist in Photoshop Elements enthalten. Parallel zu den bearbeiteten Fotos, von denen mehrere Versionen/Bearbeitungsstufen existieren können, bleiben die Originaldateien erhalten.

den. Wenn Sie zu einem späteren Zeitpunkt neue Fotos sichern möchten, wählen Sie den nun bereits bestehenden Sicherungssatz. Picasa markiert nun automatisch jene Fotos, die Sie noch nicht gesichert haben.

Um Dateien wiederherzustellen, führen Sie auf dem Speichermedium einen Doppelklick auf die Datei «PicasaRestore» aus und geben den gewünschten Speicherort an.

Manuelle Bildverwaltung mit dem Windows Explorer

Nicht jeder ist ein Fan der (halb-)automatischen Bildverwaltung und des Bildimports mit diversen Assistenten. Dafür gibt es gute Gründe: Mit der Wahl einer Bildverwaltungssoftware macht man sich von einem bestimmten System abhängig. Die Programme sind untereinander nicht kompatibel, sodass ein Umstieg äusserst schwierig ist.

Das Hauptproblem: Ein neues Programm übernimmt nur die unveränderbaren Metadaten der Bilder. Alle Zusatzinformationen, die man selber hinzugefügt hat (Personen, Orte, Bewertungen usw.), sind mit der programmeigenen Datenbank verknüpft und werden von anderen Programmen nicht erkannt (siehe Kasten Seite 49).

Auch der Umstieg auf einen neuen Computer ist eine Herausforderung. Man muss jene Ordner und Dateien, in denen die programmspezifischen Informationen sowie die Originalfotos gespeichert sind, exakt an den gleichen Speicherort auf dem neuen Gerät kopieren (siehe Kasten Seite 57).

Fotos importieren

Mit dem **Windows Explorer** bekommt man Fotos auch ohne Importassistenten auf den Computer. Verbindet man eine Kamera oder ein Handy mit dem PC, dann findet man das Gerät in der Regel links in der Navigationsleiste des Explorers und hat Zugriff auf die darauf gespeicherten Dateien.

Speicherkarten, die über einen Card Reader eingelesen werden, erscheinen üblicherweise unter der Bezeichnung «Wechseldatenträger».

Die Fotos finden Sie standardmässig in einem Ordner namens DCIM (Digital Camera Images). Bei Handys kann es sein, dass die Bilder – je nach Geräteeinstellung – im internen Speicher und nicht auf der Speicherkarte landen. Wenn das Handy nur einen internen Speicher hat, kann der Fotoordner auch anders bezeichnet sein.

Im DCIM-Ordner legt das Gerät die Bilder üblicherweise in nummerierten Unterordnern ab. Wenn Sie im Hauptfenster des Explorers zur Miniatur- beziehungsweise Sym-

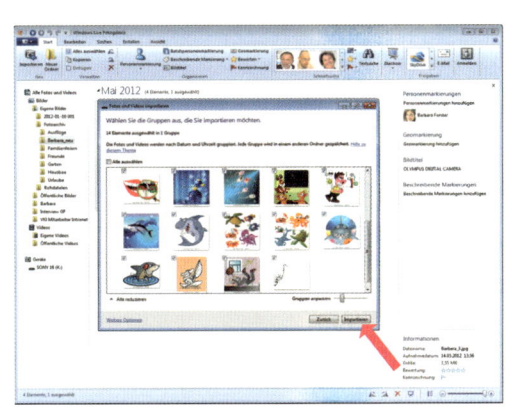

Windows Explorer: Fotoübersicht

bolansicht wechseln, erhalten Sie einen Überblick über Ihre Ordner und Fotos.

Zu diesem Zeitpunkt greifen Sie direkt auf die Speicherkarte zu. Wenn Sie an dieser Stelle ein Foto drehen oder löschen, kann es passieren, dass die Kamera irritiert wird. In der Folge erkennt sie ein Bild nicht mehr und kann es auf dem Display nicht mehr anzeigen. Daher sollten Sie die Fotos erst nach dem Importieren auf der Festplatte bearbeiten.

Auswahl markieren
Am besten legen Sie durch Markieren eines Ordners und Klick auf «Datei/Neu/Ordner» in der Menüleiste einen oder mehrere neue Ordner für Ihre zu importierenden Fotos an, die Sie eindeutig benennen (siehe Seite 44). Danach öffnen Sie über die Navigationsleiste den entsprechenden Ordner auf der Kamera oder dem Handy, dessen Inhalt im Explorer-Fenster angezeigt wird. Markieren Sie nun die Fotos auf der Kamera.

Bei einer grossen Menge an Bildern markieren Sie mittels einfachem Linksklick das erste der zu kopierenden Fotos. Danach klicken Sie bei gedrückter «Shift»-Taste auf das letzte Bild der Serie, das Sie kopieren möchten. Alle dazwischen liegenden Dateien sind nun ebenfalls markiert.

Möchten Sie eine oder mehrere davon gezielt wieder ausschliessen, dann tun Sie dies mit gedrückter «Strg»-Taste und wiederum einem einfachen Linksklick auf das betreffende Foto.

Zuletzt ziehen Sie mit der linken Maustaste alle markierten Fotos in den neu angelegten Ordner. Diese werden automatisch dorthin kopiert. Auf der Speicherkarte werden sie nicht verändert.

TIPP

Im Explorer Verknüpfungen zur externen Festplatte erstellen

Wenn Ihre Fotos aus Platzgründen nicht auf dem Computer, sondern auf einer externen Festplatte liegen, können Sie diese in den Ordner «Eigene Bilder» beziehungsweise in die Bilder-Bibliothek von Windows 7 oder 8 einbinden.

Am besten legen Sie auf der externen Festplatte ebenfalls einen Ordner an, der zum Beispiel «Meine Bilder» oder «Fotoalbum» heisst. Darin befinden sich dann alle Ihre Bilder.

Unter Windows XP und Vista markieren Sie im Explorer den Ordner «(Eigene) Bilder» mittels Mausklick. Danach klicken Sie in der Menüleiste auf «Datei/Neu/Verknüpfung» und suchen im nächsten Fenster unter «Arbeitsplatz» beziehungsweise «Computer» besagten Ordner auf der externen Festplatte. Markieren Sie diesen und klicken Sie auf «OK/Weiter/Fertigstellen».

Unter Windows 7 führen Sie im Explorer einen Rechtsklick auf den Ordner aus, den Sie zur Bibliothek hinzufügen möchten, und wählen dann die entsprechende Option.

Nun haben Sie unter den «Eigenen Bildern» eine Verknüpfung zu Ihrer externen Festplatte, auf der Sie arbeiten können, als wäre es das interne Speichermedium. In Windows 8 ist es zur Zeit jedoch noch nicht möglich, die verknüpften, externen Bilder mit der Foto-App im Kachelmodus zu betrachten.

Manuelle Bildverwaltung mit IrfanView

Mit dem kostenlosen Programm **IrfanView** existiert seit vielen Jahren ein sehr populärer Bildbetrachter, der auch bei der Bildverwaltung hilfreich sein kann. Allerdings kann IrfanView keine Bilder direkt von der Kamera importieren.

Eine Downloadmöglichkeit gibts auf www.chip.de (IrfanView in die Suchmaske eingeben). Laden Sie danach gleich noch die IrfanView Plug-ins herunter und installieren Sie alles.

Gemeinsam mit dem Hauptprogramm wird **IrfanView Thumbnails** installiert. Thumbnails ist die Bezeichnung für kleine Vorschaubilder, wie sie auch in anderen Programmen erzeugt werden. Man kann sie über das Programmsymbol oder direkt aus IrfanView über «**Datei/Thumbnails**» öffnen.

Ordnerbaum und Miniaturansichten

Hier sehen Sie den gewohnten Ordnerbaum. Sie können nun den Inhalt eines einzelnen Ordners betrachten. Um eine Gesamtübersicht zu bekommen, markieren Sie links in der Navigationsspalte zum Beispiel den Ordner «Eigene Bilder» und klicken dann auf «**Optionen/Thumbnails aus allen Unterordnern laden**». Über die Option «**Thumbnails sortieren**» bringen Sie diese in die gewünschte Ordnung. Die bestehende Ordnerstruktur wird dabei nicht verändert.

Unter dem Menüpunkt «Datei» finden sich einige Funktionen, mit denen Sie nun tatsächlich direkt auf die Ordnerstruktur und die Originalfotos zugreifen.

Die Optionen «**Selektierte Dateien verschieben**» und «**Selektierte Dateien kopieren**» sind selbsterklärend. Beides öffnet ein Fenster mit der Möglichkeit, bis zu 14 bereits bestehende Ordner festzulegen, denen man durch Klick auf die zugehörige Schaltfläche jene Fotos zuteilen kann, die man zuvor markiert hat. «**Selektierte Dateien löschen**» verschiebt die Originaldatei in den Papierkorb.

Fotos umbenennen

Besonders praktisch ist unter dem Menüpunkt «Datei» die «**Batch-Konvertierung mit selektierten Bildern**». Das englische Wort «batch»

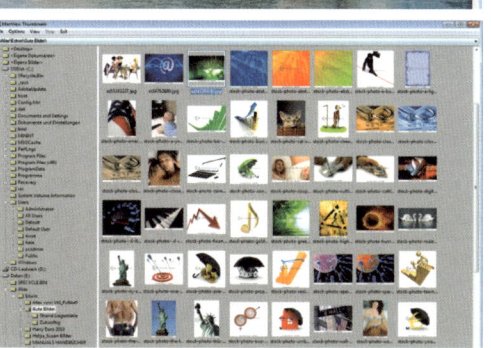

IrfanView: Einzelansicht im Hauptfenster (oben) und Miniaturansichten (Thumbnails)

bedeutet Satz, Bündel und wird im Computerbereich mit «Stapelverarbeitung» übersetzt. Damit kann man mit wenigen Arbeitsschritten eine grosse Menge an Daten gleichzeitig ändern.

Mehrere Fotos gleichzeitig umbennen

Nützlich ist hier vor allem das Batch-Umbenennen. Mit der Maus markieren Sie jene Fotos, die Sie einheitlich umbenennen möchten. Dabei sollten Sie sich auf den Inhalt eines einzelnen Ordners beschränken, ausser Sie möchten zusammengehörige Bilder gezielt gemeinsam in einen neuen Ordner verschieben.

Wenn Sie die Auswahl getroffen haben, klicken Sie auf «**Datei/ Batch-Konvertierung mit selektierten Bildern**». Es öffnet sich ein zweigeteiltes Fenster. Rechts unten befindet sich die Liste der gewählten Fotos. Oben haben Sie die Möglichkeit, weitere Bilder zu suchen und hinzuzufügen.

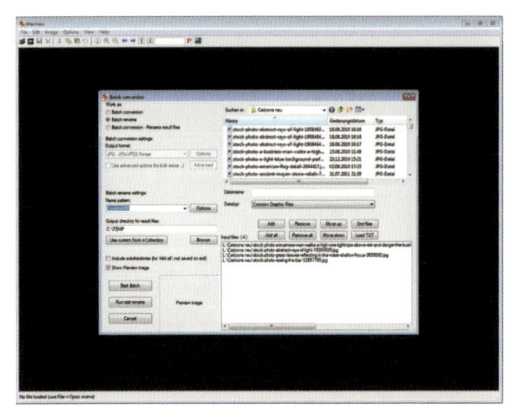

IrfanView: Mit der Batch-Konvertierung lassen sich mehrere Bilder gleichzeitig umbenennen.

Wenn Sie einen Eintrag in der Liste markieren, wird links davon ein Vorschaubild angezeigt. Mit «**Rauf**» und «**Runter**» können Sie die Reihenfolge der Bilder verändern, indem Sie eines oder mehrere markieren und verschieben.

Links oben setzen Sie mittels Mausklick den Punkt vor «Batch-Umbenennen». Das Feld darunter ist inaktiv. Noch ein Stück weiter unten finden Sie die Optionen. In das Feld tragen Sie den gewünschten Dateinamen ein und setzen dahinter zuerst ein Leerzeichen und danach sinnvollerweise zwei (oder, wenn es mehr als 99 Fotos sind, drei) Raute-Zeichen (#). Das Raute-Zeichen steht für die Anzahl Stellen, mit denen das Programm die Fotos durchnummeriert.

Standardmässig beginnt IrfanView bei 1 zu zählen. Setzen Sie zwei Raute-Zeichen, steht stattdessen 01 im Namen des Fotos. Bei drei Raute-Zeichen entsprechend 001.

Möchten Sie den Anfangswert ändern, weil zum Beispiel schon ein anderes, gleichnamiges Foto mit der Zahl 01 existiert, klicken Sie auf «**Optionen**». Hier können Sie dann den Start-Zähler auf eine andere Ausgangszahl setzen.

Eine noch wichtigere Auswahl treffen Sie weiter unten: «**Eingangs-/Original-Dateien umbenennen**». Der Dateiname ist ja Teil des Ordnungssystems und erleichtert das Auffinden von Fotos. Deshalb ist es sinnvoll, gleich die Originalfotos umzubenennen, statt Kopien anzulegen, während die Originale ungeordnet bleiben. Das Kästchen ganz unten im Optionenfenster («Überschreibe existierende Dateien») lassen Sie hingegen leer.

Schliessen Sie das Fenster mit «OK» und wählen Sie jetzt noch das Zielverzeichnis. Das wird in vielen Fällen jener Ordner sein, in dem sich die Fotos aktuell befinden. Also klicken Sie auf «Aktuelles Verzeichnis verwenden».

Bevor Sie nun starten, klicken Sie auf «Umbenennen testen». So können Sie kontrollieren, ob Sie den Namen und die Rautezeichen korrekt eingegeben haben, und können dies bei Bedarf noch korrigieren. Erst wenn Sie auf «Starten» klicken, wird die Umbenennung tatsächlich durchgeführt.

Weitere nützliche Funktionen

Zu den weiteren Features von IrfanView gehören Panoramaerstellung und Gesichtserkennung, die jedoch nicht so komfortabel ist wie jene von Fotogalerie, Picasa und Co. Unter «Bild/Information» finden Sie die Metadaten (siehe Kasten Seite 49).

Ein «Indexprint» ist eine Fotoübersicht, die Sie ausdrucken können, also sozusagen die Thumbnails auf Papier.

Bildverwaltung mit iPhoto auf dem Mac

Auf Mac-Rechnern ist der Umgang mit Fotos recht einfach. Die vorinstallierten Programme sind benutzerfreundlich und die Verwendung ist schnell erlernt. Das Standardprogramm für die Bildverwaltung ist **iPhoto**. Die Software ist übersichtlich und gleichzeitig leis-

iPhoto: Im Vorschaufenster können Sie jene Bilder auswählen, die importiert werden sollen.

tungsfähig. Die Fotos lassen sich damit nicht nur ordnen, sondern auch kategorisieren, sortieren oder – in geringem Umfang – bearbeiten. Zwar kann man auch das Programm Picasa (Seite 59 ff.) für Mac verwenden, für Nutzer von iPhoto ist das jedoch nicht nötig.

Fotos importieren

Wenn Sie eine Kamera an den Mac anschliessen, öffnet sich iPhoto standardmässig automatisch. Unter «Geräte» erscheint der Name der Kamera, im Hauptfenster sieht man die Fotos, die sich auf der Speicherkarte befinden.

Wenn man die Speicherkarte nur selten löscht, sind oft sehr viele Fotos darauf. Den grössten Teil davon hat man aber bereits früher auf den Computer kopiert. Damit beim Importieren nur noch die neuen Bilder angezeigt werden, setzt man am unteren Rand des Programmfensters bei «Bereits importierte Fotos ausblenden» ein Häkchen.

6
Fotos verwalten

Nun können Sie entscheiden, welche Fotos der Kamera Sie nach iPhoto importieren wollen. Dazu wählen Sie die Fotos aus und klicken oben rechts auf «**Auswahl importieren**». Wollen Sie alle Fotos vom Chip kopieren, wählen Sie stattdessen «**Alle importieren**».

Die importierten Fotos speichert iPhoto in «Ereignissen». Das sind im Prinzip nichts anderes als Ordner mit Ihren Fotos. Man kann dem Ereignis vor dem Import einen Namen geben, zum Beispiel «Ferien England» oder «Weihnachten 2012».

Wenn Sie Aufnahmen von unterschiedlichen Ereignissen nach iPhoto importieren wollen, tun Sie dies am besten in Etappen. Dazu wählen Sie zunächst alle zusammengehörigen Fotos auf der Kamera aus, geben dem Ereignis einen Namen und klicken auf «**Auswahl importieren**». Dann wählen Sie die nächste Gruppe von Fotos aus und speichern sie in einem weiteren Ereignis. Dies wiederholen Sie, bis alle Fotos importiert sind.

Um eine Übersicht aller Ereignisse in iPhoto zu erhalten, klicken Sie in der linken Spalte unter «**Mediathek**» auf «**Ereignisse**». Mit Doppelklick öffnet sich ein Ereignis, und Sie sehen alle darin gesammelten Fotos. Sollte die Ausrichtung eines Fotos nicht stimmen, lässt sich das Bild drehen. Den entsprechenden Befehl finden Sie, wenn Sie mit der rechten Maustaste aufs Foto klicken. Wenn Sie auf den Dateinamen unterhalb des Fotos klicken, können Sie es umbenennen.

Sie können auch nachträglich neue Ereignis-Ordner erstellen und Bilder dorthin verschieben. Dazu wählen Sie die entsprechenden Fotos aus und wählen unter «**Ereignisse/Ereignis erstellen**».

Alben und Ordner

Neben den Ereignissen kennt iPhoto auch Alben und Ordner. In einem Album können Sie Fotos zu einem bestimmten Thema ablegen – auch wenn die Bilder von verschiedenen Ereignissen stammen. Ein Beispiel:

Für ein Album mit Porträts Ihrer Kinder können Sie aus jedem beliebigen Ereignis wie «Ferien», «Familie daheim» oder «erster Schultag» Fotos zum Album hinzufügen. Sie können die Fotos einzeln ins Album schieben oder sie zuerst markieren und dann in einem Rutsch aus «**Markierte Fotos**» dorthin bewegen.

TIPP

Die Reihenfolge der Bilder in iPhoto ändern

In der Ereignis-Übersicht kann man die einzelnen Ereignisse mit der Maus in eine andere Reihenfolge verschieben. Etwas kompliziert ist es dagegen, die Abfolge der Fotos selbst zu ändern. Im Menü «Darstellung», dort unter «Fotos sortieren» lassen sich die Bilder innerhalb eines Ereignisses nur nach Datum, Schlagwort, Titel oder der Wertung sortieren.

Eine manuelle Sortierung, zum Beispiel nach inhaltlichen Kriterien, ist hier nicht möglich. Dies funktioniert erst, wenn die Fotos in einem Album liegen. Hier kann man die Fotos von verschiedenen Ereignissen thematisch ablegen und mit der Maus in eine beliebige Abfolge bringen.

Das Spezielle an Alben: Die Fotos darin sind nur Kopien. Die Originale bleiben an ihrem Platz. Das Album dient in erster Linie dazu, Fotos nach Themen sortiert anzuschauen. Deshalb kann ein Foto auch problemlos in mehreren Alben untergebracht werden.

Sind viele Alben vorhanden, packt man diese am besten in Ordner, um die Übersicht zu bewahren. Auch Ereignisse können Sie in Ordner kopieren und diese entsprechend beschriften, um alle Fotos jederzeit wiederzufinden.

Fotos beschriften

Neben einem Namen können Sie den Fotos weitere Beschriftungen oder Tags hinzufügen (siehe Kasten Seite 49). Die Metadaten sehen Sie, wenn Sie unten rechts auf «Infos» klicken. Wenn Sie ein Foto markieren, stehen im rechten Balken oben die Aufnahmedaten wie Blende oder Verschlusszeit sowie die Dateigrösse und das Dateiformat. Darunter der Dateiname, das Datum und eventuell bereits vorhandene Beschreibungen. Den Namen des Fotos kann man auch hier ändern, indem man auf ihn klickt.

In der Regel will man nicht nur einem, sondern gleich mehreren Fotos eine identische Beschreibung wie zum Beispiel «Segeln, Mittelmeer» geben. Dies bei jedem Foto einzeln durchzuführen, wäre bei einer grossen Menge an Bildern äusserst aufwendig. Einfacher geht es mit der Bearbeitung eines ganzen Stapels von Fotos auf einen Streich. Dazu markieren Sie die gewünschten Fotos und klicken im Menü «Fotos» auf «Stapeländerung». Nun können Sie bei allen Fotos gleichzeitig Informationen wie Datum und Titel ändern sowie Stichworte hinzufügen.

Zum raschen Sortieren und Wiederauffinden der Fotos klicken Sie in iPhoto unten links auf «Suchen» und geben die Suchbegriffe ein. Sofort werden alle Fotos angezeigt, die diese Begriffe in ihren Beschreibungen oder Namen enthalten.

Gesichtserkennung

Im rechten Balken sehen Sie ausserdem einen Bereich «Gesichter». iPhoto versucht, die Personen auf den Fotos bereits bekannten Gesichtern zuzuordnen. Zuvor müssen Sie natürlich den gefundenen Gesichtern einen Namen geben.

Hat iPhoto zum Beispiel zwei Gesichter auf dem Foto gefunden, zeigt es «2 unbenannt» an. Wenn Sie darauf klicken, können Sie die entsprechenden Namen eingeben. Hat das Programm eine Person gar nicht erkannt, klicken Sie auf «Gesicht hinzufügen» und schieben das Auswahlrechteck, bis es das

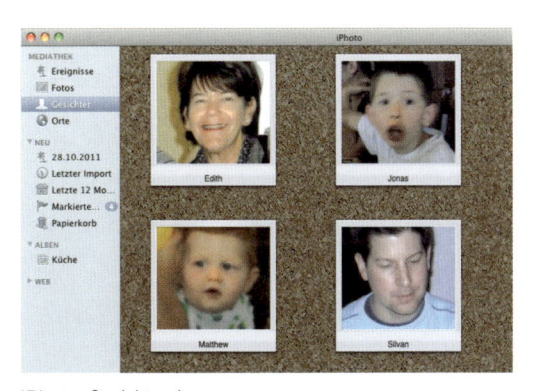

iPhoto: Gesichtserkennung

gewünschte Gesicht abdeckt.

Haben Sie einem Gesicht einen Namen gegeben, können Sie auf den Pfeil neben dem Namen klicken. iPhoto gibt nun an, auf wie vielen anderen Fotos wahrscheinlich dieselbe Person zu sehen ist. Wenn Sie die Gesichter auf diesen Bildern dem gleichen Namen zuordnen möchten, klicken Sie auf «Weitere Gesichter bestätigen».

Ortserkennung

Ganz unten im rechten Balken sehen Sie eine Landkarte. Je nach Kamera stehen in den Metadaten des Fotos bereits die Ortskoordinaten. In diesem Fall sehen Sie auf der Karte eine rote Stecknadel, die den Aufnahmeort anzeigt.

Falls diese Angabe fehlt, können Sie manuell dem Bild einen Ort zuordnen. Klicken Sie dazu auf «Ort zuweisen» und geben einen Ortsnamen ein. Anschliessend schieben Sie die Pinnnadel zum Aufnahmeort. Mit «+» und «–» ändern Sie den Massstab der Karte.

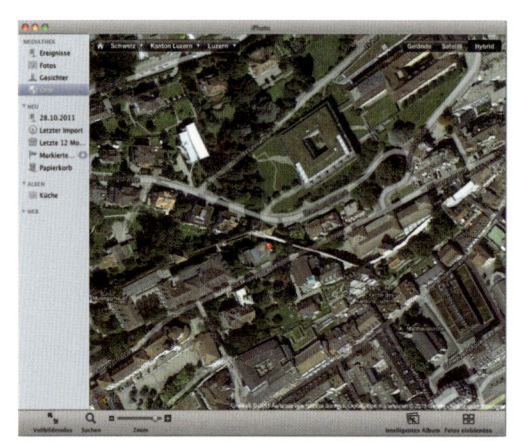

iPhoto: Ortserkennung

Fotos suchen und betrachten

In der linken Spalte von iPhoto können Sie wählen, wie die Fotos angezeigt werden. Die Wahl hängt davon ab, was Sie genau suchen.

■ **Ereignis:** Wollen Sie zum Beispiel Fotos der letzten Ferien ansehen, klicken Sie auf «Ereignisse». Damit sehen Sie nur die Ereignisordner vor sich. Sie können direkt auf das Ereignis «Ferien» doppelklicken und kommen zu den entsprechenden Fotos.

■ **Alle Bilder:** Wenn Sie alle Fotos überfliegen wollen, wählen Sie «Fotos». Nun sind nicht die Ereignisordner, sondern die Fotos direkt sichtbar. Mit einem Doppelklick auf ein Foto öffnen Sie es in der Grossansicht. Mit den Pfeilen oben rechts wechseln Sie zum letzten oder nächsten Foto.

■ **Personen:** Suchen Sie nur Bilder mit bestimmten Personen, klicken Sie auf «Gesichter». Hier finden Sie Symbole für alle Personen, die Sie bereits in iPhoto mit Namen definiert haben. Mit einem Doppelklick auf das gewünschte Gesicht erscheinen die Fotos mit der entsprechenden Person.

■ **Orte:** Beim Menüpunkt «Orte» erscheint eine Weltkarte. Falls einige Fotos auch Ortskoordinaten gespeichert haben, sehen Sie hier rote Pinnnadeln. Sie bezeichnen die Aufnahmeorte der Bilder. Ein Klick auf eine Nadel und anschliessend auf den kleinen Pfeil zeigt alle Fotos, die an diesem Ort gemacht wurden.

■ **Neue Fotos:** Unter «Neu» in der linken Spalte können Sie Fotos finden, die Sie erst kürzlich – zuletzt

Mac: Metadaten sichern und löschen

Das Sichern von Metadaten ist bei Mac denkbar einfach. Mit der Backupsoftware **Timemachine**, die auf dem Rechner bereits vorinstalliert ist, werden mit dem normalen Backup (siehe Seite 25) auch die Metadaten mitgesichert.

Wenn Sie ein Bild im Internet veröffentlichen, ist es sinnvoll, die Metadaten zu löschen. Direkt in iPhoto kann man zwar die Beschreibungen entfernen, doch die Aufnahmedaten bleiben erhalten. Deshalb ist man auf Zusatzsoftware angewiesen. Das Gratisprogramm **Smallimage** löscht die Metadaten schnell und zuverlässig (www.macupdate.com/app/mac/12759/smallimage).

Zunächst müssen Sie die gewünschten Fotos von iPhoto exportieren. Dazu markieren Sie diese und klicken unter «Ablage» auf «exportieren». Das exportierte Bild schieben Sie in das Fenster von Smallimage. Alle Häkchen unter «Remove profiles» sollten vorhanden sein. Bei «Scaling» wählen Sie «none» und bei «Icon» «keep». Das Häkchen bei «Recompress at quality» entfernen Sie.

Sie können nun dem Dateinamen eine Endung hinzufügen, damit ersichtlich ist, dass es sich um ein bearbeitetes Bild handelt. Nun klicken Sie oben auf «Process». Das neue Bild ohne Metadaten ist am selben Ort gespeichert wie das Original.

oder im letzten Jahr – importiert haben.

■ **Markierte Fotos:** Während Sie ihre Fotosammlung durchstöbern, können Sie bestimmte Bilder markieren, um zum Beispiel besonders gelungene Fotos zum Exportieren zusammenzustellen. Dazu müssen Sie das graue Fähnchen an der linken oberen Ecke des Fotos anklicken. Das Fähnchen wird gelb, und das Foto erscheint im Ordner «Markierte Fotos».

Wenn Sie alle gewünschten Fotos beisammen haben, können Sie einfach den Ordner mit den markierten Fotos anwählen und unter «Ablage» exportieren.

■ **Bilder veröffentlichen:** Der Menüpunkt «Fotostream» hilft dabei, die Fotos ins Internet, in eine sogenannte Cloud zu kopieren. So können auch andere Personen die Bilder ansehen.

7 Fotos bearbeiten
Bilder optimieren und digitalisieren

Selten ist ein Foto bis ins Detail perfekt. Mit einem Bildbearbeitungsprogramm können Digitalfotos optimiert und alte Bilder restauriert werden. Das Beste daran: Es gibt auch gratis gute Software.

Im Zuge des Digitalkamerabooms hat sich das Angebot an günstigen Bildbearbeitungsprogrammen vervielfacht. Das aktuelle Angebot an Programmen ist gross und sehr vielfältig. Es reicht von kostenloser Freeware über günstige Einsteigerprogramme bis zu teurer Profisoftware.

Adobe Photoshop und Photoshop Elements (Win, Mac)
www.adobe.com/ch
Anspruchsvolle Bildbearbeiter und Profis kommen kaum um den **Adobe Photoshop** herum. Dies ist die Referenz aller Bildbearbeitungsprogramme auf Windows- und Mac-Computern und seit bald zwei Jahrzehnten das unangefochtene Topprogramm.

Für Einsteiger ist Photoshop allerdings weniger zu empfehlen, da es Grundkenntnisse voraussetzt und mit einem Preis von rund 1000 Franken sehr teuer ist. Ausserdem kann man als Hobbyanwender den vollen Funktionsumfang kaum ausschöpfen.

Mit dem deutlich günstigeren **Photoshop Elements** (ca. 85 Franken) ist man deshalb besser bedient, auch weil das Programm neben der Bearbeitung das Verwalten von Fotos ermöglicht (siehe Kasten Seite 66).

Kostenlose Programme
Daneben gibt es zahlreiche Gratis-Bildbearbeitungsprogramme, deren Werkzeuge für die meisten Nutzer ausreichen. Eine umfangreiche Sammlung von Software zum Thema mit Möglichkeit zum Downloaden finden Sie bei Foto Freeware unter www.foto-freeware.de/bildbearbeitung.php.

Windows Fotogalerie
www.chip.de (Sucheintrag «Fotogalerie»)
Die Windows Fotogalerie ist das standardmässige Programm zur Bildverwaltung auf Windows-Rechnern (siehe Seite 46 ff.). Die Bearbeitungsmöglichkeiten der Fotogalerie sind zwar nicht überwältigend, sie bieten aber alle grundlegenden Funktionen, um auf einfache Weise Bildverbesserungen und -änderungen vorzunehmen (Helligkeit, Farbe und Kontrast anpassen, Rote-Augen-Korrektur, Ausschneiden usw.; mehr dazu auf Seite 80 f.).

iPhoto (Mac)
Bei Mac ist iPhoto bereits vorinstalliert (siehe Seite 71 f.). Auch dieses Programm dient primär zum Sortieren und Verwalten der Fotos. Obwohl umfassende Bearbeitungswerkzeuge fehlen, sind einfache Korrekturen und Veränderungen möglich (siehe Seite 81).

The Gimp (Win, Linux, Unix, Mac)
www.wingimp.de, www.gimp.org
Die bekannteste Freeware für Bildbearbeitung ist einst für Linux entwickelt worden. Heute gibt es aller-

dings auch Versionen für Windows und Mac OS X. Im Internet findet man viele Seiten und Diskussionsforen, die einem beim Gebrauch von Gimp helfen. Das Programm kann viel, ist allerdings etwas kompliziert in der Bedienung.

Magix Foto Designer (Win)
www.magix.com/de/
free-download/gratis-software
Eine kostenlose Bildbearbeitung mit vielen Möglichkeiten und einfacher Bedienung. Alle wichtigen Anwendungen sind durch Symbole verständlich gekennzeichnet, wie etwa Helligkeit oder Kontrast einstellen, das Bild zurechtschneiden, die Schärfe verändern oder einzelne störende Objekte auf dem Bild retuschieren.

IrfanView (Win)
www.irfanview.net
Dieser Konverter bietet einfache Bildbearbeitungsfunktionen und ist wohl das verbreitetste Programm. Es enthält auch einen simplen Browser und kann mit einigen RAW-Formaten umgehen. Nur die Benutzeroberfläche könnte freundlicher gestaltet sein. Es kann auch für die Bildverwaltung nützlich sein (Seite 69 ff.).

PhotoFiltre (Win)
www.foto-freeware.de/
photofiltre.php
Mit PhotoFiltre finden sich auch Anfänger zurecht. Praktisch sind die automatischen Kontrast- und Farbeinstellungen. Etwas schwieriger ist es, stürzende Linien oder rote Augen zu korrigieren.

> **IN DIESEM KAPITEL**
> 76 Programme zur Bildbearbeitung
> 78 Schritt für Schritt zum bearbeiteten Bild
> 80 Automatische Bildbearbeitung
> 83 Kreative Bildbearbeitung
> 83 Alte Foto-Schätze digitalisieren
> 84 Bilder einscannen
> 85 Staub und Kratzer entfernen
> 86 Bilder nachbearbeiten

XnView (Win, Linux, Mac)
www.xnview.de
Dieser Bildbetrachter und -konverter ist übersichtlich gestaltet und schnell; damit lassen sich unzählige Dateiformate bearbeiten. Die leicht abgewandelte Version XnView MP (= Multi Plattform) läuft auch unter Mac und Linux.

Photoplus (Win)
http://photoplus.softonic.de
Das Programm erinnert an Photoshop. Die Befehle liegen etwas versteckt, doch nach einer gewissen Eingewöhnungszeit erhält man damit ein mächtiges Instrument zur Verbesserung von Digitalfotos in die Hand.

StudioLine Photo Basic (Win)
www.studioline.net
Das Programm ist nahezu identisch mit der kostenpflichtigen Version Photo Classic von StudioLine. Es verlangt aber eine Registrierung nach 30 Tagen, damit man die Software weiterhin nutzen kann. Das Tool kombiniert Bildverwaltung und -bearbeitung. Praktisch alle Bereiche eines Bildes lassen sich damit korrigieren und aufwerten.

7
Fotos bearbeiten

Schritt für Schritt zum bearbeiteten Bild

Fast alles am Foto kann man nachträglich ändern. Zur elementaren Bildbearbeitung gehören das Drehen und Zuschneiden eines Bildes, die Grössenänderung und das Konvertieren beziehungsweise Abspeichern in einem anderen Dateiformat.

Bei der eigentlichen Bildoptimierung können Helligkeit und Kontrast des ganzen Bildes geändert, der Farbstich (Farbverschiebung wegen falschen Weissabgleichs) korrigiert und die Farbintensität (Sättigung) erhöht oder abgeschwächt werden, ähnlich wie dies auch im Menü des Fernsehers möglich ist.

Für die meisten dieser Einstellungen bieten die Programme Automatikfunktionen, die durchaus ansehnliche Resultate erbringen. Wenn die Automatik eben doch nicht das gewünschte Ergebnis bringt, lassen sich diese Anpassungen auch manuell steuern.

Selbst Digitalfotos und Scans, die richtig belichtet und farbneutral sind, lassen sich per Bildbearbeitung oft noch etwas verbessern. Mit wenigen Mausklicks erhält man brillantere und knackigere Bilder, indem man den Kontrast erhöht oder den Tonwertumfang anpasst und allenfalls die Farbsättigung intensiviert.

Wenn man ein bearbeitetes Foto einmal gesichert und geschlossen hat, kann man die Änderungen meist nicht mehr rückgängig machen. Deshalb sollten Sie vor dem Bearbeiten eines Fotos das Original immer zuerst kopieren und durch einen Namenszusatz kennzeichnen. So können Sie nötigenfalls auf das Ursprungsbild zurückgreifen.

So gehen Sie vor:

Die verschiedenen Bildbearbeitungsschritte haben einen unterschiedlich starken Einfluss auf das Endresultat. Deshalb ist es ratsam, die Bearbeitung in einer sinnvollen Reihenfolge vorzunehmen:

1. Bild im Bildbearbeitungsprogramm öffnen, sichern im jeweiligen Dateiformat des Bildbearbeitungsprogramms (zum Beispiel als .psd-Datei in Photoshop).

2. Eventuell Bild zuschneiden: Falls nötig gerade stellen oder

Mehr Kontrast: Im Bild rechts wurde der Blaustich entfernt und dann Kontrast und Farbsättigung erhöht.

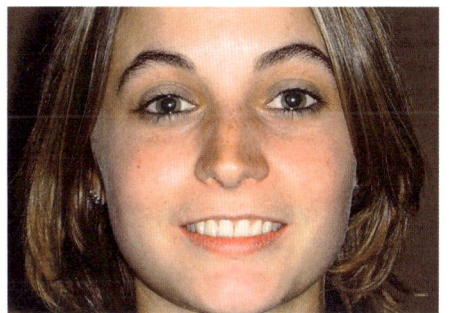

Korrektur der roten Augen: Das alte Blitz-Übel kann mit einem Klick eliminiert werden.

Ausschnitt festlegen und zuschneiden.

3. Technische Retusche: Staub, Kratzer, Störungen, rote Blitzlichtaugen und Sonstiges entfernen.

4. Tonwert- und Gammakorrektur, das heisst Helligkeit und Kontrast einstellen.

5. Ganzheitliche Farbkorrektur: Farbstich beheben beziehungsweise Bild neutralisieren.

6. Nach diesen Arbeiten das Bild sichern, eventuell als separate Version aufbewahren und an einer Kopie weiterarbeiten. So behält man ein optimiertes «Original» für andere Bearbeitungsvariationen, denn die folgenden Bearbeitungsschritte verändern das Ursprungsbild oft nachhaltig.

7. Selektive Korrekturen der Farben und Tonwerte.

8. Inhaltliche Retusche (bildverändernd): zum Beispiel Perspektive korrigieren.

9. Eventuell kreative Arbeit: Fotomontage, Bildmanipulation, Objekt freistellen.

10. Abschluss: Bearbeitetes Bild archivieren. Die finale Version im programmeigenen Dateiformat (eventuell noch mit mehreren Ebenen) und/oder als universelle TIFF-Kopie speichern und archivieren, eventuell auch als JPEG in sehr guter oder bester Qualität.

In einem letzten Optimierungsschritt wird ein gescanntes Bild, manchmal auch ein Digitalfoto, etwas nachgeschärft. Für die Bildschirmpräsentation sollte man zurückhaltend sein, für den Fotodruck und erst recht für Fotos, die von einer Druckerei ausgegeben werden, darf und muss die Schär-

---

STICHWORT

Kontrast und Sättigung

Der Kontrast beschreibt das Verhältnis zwischen dunklen und hellen Bildbereichen. Er ist am stärksten zwischen Schwarz und Weiss.

Die Farbsättigung bezeichnet die Farbreinheit beziehungsweise das Fehlen von Grau. Je höher die Sättigung, desto bunter sind die Fotos.

Beim Fotografieren sorgt eine starke, direkte Lichtquelle wie die Sonne für starken Kontrast und intensive Farben. Eine diffuse Lichtquelle wie ein bedeckter Himmel mildert den Kontrast und dämpft die Farben.

Die Änderung von Helligkeit, Kontrast und Sättigung gehört neben der Farbkorrektur (Behebung eines Farbstiches) zu den grundlegendsten Optimierungsarbeiten.

fung stärker sein. Diesen Bearbeitungsvorgang führt man stets als letzten aus. Zu beachten ist auch, dass geschärfte Bilder weniger effizient komprimiert werden können und somit die Dateigrösse etwas zunimmt.

Automatische Bildbearbeitung

Wer von den komplexen Funktionen einer Bearbeitungssoftware überfordert ist, muss nicht auf Bildbearbeitung verzichten. Die Programme verfügen in der Regel über eine automatische Korrektur. Damit können Sie Ihren Bildern mit wenigen Klicks den letzten Schliff geben.

Windows (Live) Fotogalerie (PC)
www.chip.de (Sucheintrag «Fotogalerie»)
Die integrierten Bearbeitungsmöglichkeiten der Windows Fotogalerie sind zwar nicht überwältigend, wenn man sie einem «echten» Bildbearbeitungsprogramm gegenübergestellt. Sie bieten aber alle grundlegenden Funktionen, um ein Bild zu verbessern.

Vorgehen: Per Doppelklick auf ein Foto erscheint oben das Bearbeitungsmenü. Hier gibt es eine «Ein-Klick»-Lösung namens «**automatisch anpassen**». Sie korrigiert Farbstiche und rückt schiefe Sujets gerade. Wenn die automatischen Anpassungen nicht ausreichen, empfiehlt sich der Klick auf «**Feinabstimmung**».

Die Bedienung ist leicht, weil sie in erster Linie mit Schiebereglern erfolgt. Dank Vorschaufunktion sehen Sie unmittelbar, welche Auswirkungen dies auf das Foto hat.

In der Folge können Sie sich ruhig mit der Versuch-und-Irrtum-Methode vorantasten. Zu den Besonderheiten der Windows Fotogalerie gehört nämlich die Option, jederzeit – also sogar nach dem Abspeichern der Änderungen – zum Original zurückkehren zu können (Klick auf «**Rückgängig**» beziehungsweise nach dem Abspeichern auf «**Wiederherstellen**» oder «**Auf das Original zurücksetzen**».

Ein Nachteil ist, dass man die Änderungen nicht einzeln zurücknehmen kann. Es lassen sich nur sämtliche Änderungen aufs Mal zurücksetzen und zum Originalbild zurückkehren. Dies macht die Bearbeitung unnötig aufwendig.

Resultat: Die automatische Anpassung bringt nur selten eine Verbesserung. Besser sind die Möglichkeiten unter «**Farbe**» und «**Belichtung**». Bereits wenn man mit der Maus über eines der dortigen

---

> **TIPP**
>
> ### Bildbearbeitung im Web
>
> Eine weitere Variante zur kostenlosen Bildoptimierung ist die Online-Bildbearbeitung. Man lädt Bilder auf eine Webseite, um sie dort zu bearbeiten und anschliessend wieder auf den PC zu laden. Lesen Sie vorher die Richtlinien und Vertragsbedingungen genau durch.
> - Photoshop Online www.photoshoponlinefree.net
> - Cellsea www.cellsea.com/media
> - Online Photo Tool www.onlinephototool.com
> - Picture2Life www.picture2life.com
> - Phixr (Deutsch) www.phixr.com
> - PXN8 http://pxn8.com
> - Splashup www.splashup.com

Symbole fährt, ändert sich das Bild. Bei einem Mausklick wird die Änderung definitiv. Die Feinabstimmungen bringen gute Ergebnisse.

iPhoto (Mac)
Die Stärke von iPhoto liegt beim Sortieren und Verwalten von Bildern. Das Programm bietet aber auch einige Tools, um Bilder zu verbessern und zu verändern.

Vorgehen: Klickt man auf ein Foto und dann unten rechts auf «**Bearbeiten**», öffnen sich diverse Optimierungswerkzeuge. Hier sind einfache Korrekturen möglich wie das Korrigieren der Schärfe oder das Entfernen von roten Augen. Mit «**Verbessern**» ändert man das Foto mit einem Klick.

Unter «**Effekte**» kann man das Bild heller oder dunkler, wärmer oder kühler machen oder einen Filter darüberlegen («Schwarzweiss», «Antik» oder «Unscharf»). Etwas weiter gehen die Einstellungsmöglichkeiten unter «**Anpassen**». Hier kann man mit Schiebereglern die Belichtung oder den Kontrast anpassen und andere Modifikationen vornehmen.

Praktisch ist der Knopf «**Zurück zum Original**». Damit lassen sich alle Änderungen widerrufen.

Resultat: Oft gute Verbesserungen, manchmal aber zu intensive Farben.

Picasa (PC und Mac)
http://picasa.google.com
Das Programm von Google glänzt in erster Linie damit, grosse Mengen von Fotos auf dem Rechner übersichtlich darzustellen und zu sortieren (siehe Seite 59 ff.). Integriert ist aber auch eine Bearbeitungsfunktion.

Picasa: Bearbeitungsmodus mit Doppelfenster-Ansicht zum Vergleichen von unterschiedlich bearbeiteten Versionen

Vorgehen: Wenn man das Programm öffnet, sehen Sie in der oberen Leiste alle im gewählten Ordner oder Album enthaltenen Fotos aufgereiht. Diese können Sie der Reihe nach durchblättern.

Mit einem Doppelklick öffnet man ein Foto. Daneben erscheinen die Bearbeitungsfunktionen. Ein Klick auf «**Auf gut Glück!**» kann bereits die gröbsten Bildfehler beseitigen. Auch Farbe und Kontrast lassen sich per Klick anpassen.

Neben dem rechten Pfeil finden Sie eine weitere praktische Einrichtung: Die Grossansicht eines Fotos oder ein Doppelfenster mit zwei verschiedenen Fotos. So kann man mehrere ähnliche Aufnahmen miteinander vergleichen.

Ebenfalls praktisch ist eine Doppelansicht desselben Fotos (siehe Bild oben). So können Sie mit zwei verschiedenen Bearbeitungen experimentieren, die Ergebnisse einander gegenüberstellen und die bessere Variante behalten.

Auch bei Picasa bleiben im Falle von Änderungen die Originalfotos erhalten und können daher jederzeit wiederhergestellt werden.

Resultat: Die automatischen Bildanpassungen liefern erstaunlich gute Ergebnisse. Wer sein Foto noch genauer bearbeiten will, kann mit den weiteren Optimierungen Licht und Schatten verstärken oder Farbfilter darüberlegen. Auch rote Augen lassen sich zuverlässig entfernen. Zuletzt muss man das Bild speichern, damit die Änderungen wirksam werden (in der Fotoübersicht mit der rechten Maustaste auf das Bild klicken, dann auf «speichern»).

Corel Snapfire (PC)
www.photo-freeware.net/corel-snapfire.php
Ein simpel gehaltenes PC-Bildverwaltungsprogramm mit einigen Bearbeitungshilfsmitteln.

Vorgehen: Unter «Optimieren» finden sich die Korrekturhilfen. Die «Schnellkorrektur» optimiert das Bild mit einem Klick. Unter «Fotokorrektur» kann man mit Schiebereglern weitere Anpassungen wie Helligkeit, Kontrast oder Wärme einstellen. Die Änderung kann man unter «bearbeiten/rückgängig» widerrufen.

Resultat: Die Ein-Klick-Korrektur funktioniert weniger zufriedenstellend als bei Picasa. Dafür stehen mehr und bessere zusätzliche Einstellungen wie Helligkeit, Wärme oder Bildschärfe zur Verfügung. Diese kann man in der Vorschau testen, bevor man sie auf das Bild anwendet.

Programme mit speziellen Funktionen

TinyPic (PC), Image Tool (Mac)
www.chip.de (Suche «TinyPic»)
http://image-tool.softonic.de/mac
Mit diesen Programmen lässt sich die Dateigrösse der Fotos schnell verkleinern, sodass sie auch für Websites oder E-Mails nicht zu gross sind.

Vorgehen: Nach dem Laden des gewünschten Fotos kann man die gewünschte Grösse anklicken, wie zum Beispiel «800 x 600» Pixel, damit man das Foto als E-Mail-Anhang verschicken kann.

Resultat: Sehr gut. Die Fotos werden mit einem Klick kleiner, der Qualitätsverlust liegt im Rahmen.

JPEG Lossless Rotator (PC)
www.chip.de (Sucheingabe «JPEG Lossless»)
Das Programm dreht Fotos, die auf dem Kopf stehen.

Vorgehen: Sehr einfach. Foto anklicken, auf den Pfeil tippen, und

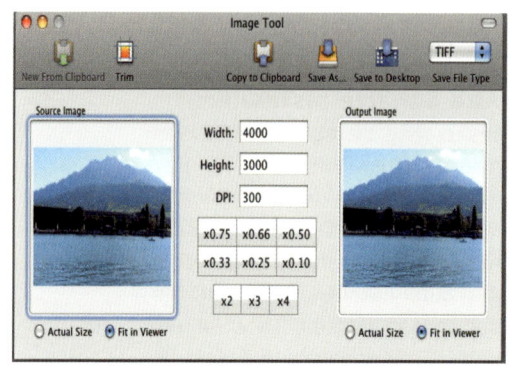

Image Tool: Dateigrösse eines Fotos verändern

schon dreht sich das Foto in die gewünschte Richtung.

Resultat: Gute Ergebnisse. Die Bildqualität wird bei der Rotation nicht beeinträchtigt.

Ein vergleichbares Spezialprogramm für den Mac existiert nicht. Fotos lassen sich jedoch auch mit iPhoto oder Picasa drehen (siehe Seite 76 f.).

Fotos mit Spezialeffekten: Kreative Bildbearbeitung

Die Bildbearbeitung am Computer ermöglicht auch spektakuläre Effekte. Typisch sind Bildverfremdungen, wie sie aus der Dunkelkammer bekannt sind, etwa durch starkes Überbelichten, oder solche, die Fotos wie gemalte Bilder aussehen lassen. Auch Verformungen und fotografische Karikaturen, künstlich erzeugte Flammen, Wolken und Blitze gehören ins Standardrepertoire.

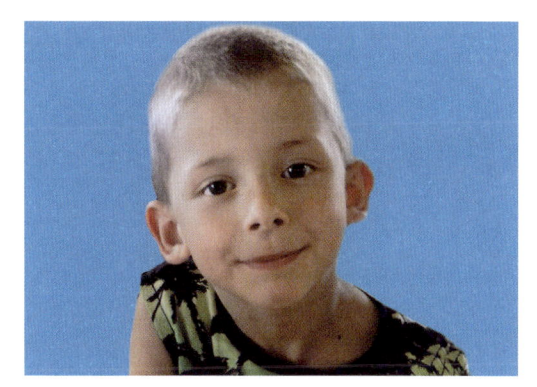

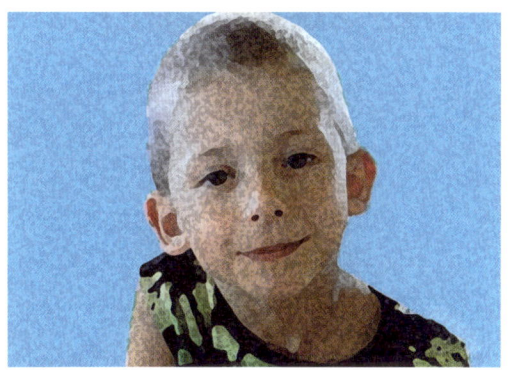

Spezialeffekte: Das Original (oben) mit Schwamm-Effekt-Filter (unten)

Corel-Ulead Photo Impact

Besonders viele solcher Effekte erlaubt das Bildbearbeitungsprogramm **Corel-Ulead Photo Impact**, dessen Stärke in der Aufbereitung von Fotos fürs Internet liegt.

Wem die eingebauten Effektwerkzeuge nicht ausreichen, kann Effektfilter von Drittherstellern kaufen. Diese werden überwiegend als Zusatzsoftware (Plug-in) zum Photoshop angeboten. Sie können jedoch in alle Programme integriert werden, die Photoshop Plug-ins ausdrücklich unterstützen.

Ein gutes Beispiel sind **Nik Color Efex** (www.niksoftware.com), die viele konventionelle Labortricks und Glaseffektfilter nachahmen. Eine ganze Sammlung kostenloser Plug-ins findet man unter: www.chip.de/artikel/Die-besten-Gratis-Plug-ins-fuer-Photoshop_27036546.html.

Papierbilder und Dias: Alte Schätze restaurieren

Bisher ging dieses Buch stets von digitalen Aufnahmen aus. Scanner ermöglichen es aber auch, alte Papierfotos und Dias zu digitalisieren und der Sammlung auf dem Computer hinzuzufügen. Allerdings sollte man wissen: Dies ist ein sehr zeitaufwendiges Vorhaben. Je nach Qualität und Zustand des

Flachbettscanner: Die Vorlage wird wie bei einem Fotokopierer auf die Scannereinheit gelegt.

Originalfotos ist meist eine mehr oder weniger umfangreiche Bildbearbeitung nötig.

Bilder einscannen

Um Papierbilder und Dias auf den Computer zu bringen, ist ein Scanner nötig. Die gängigste Ausführung sind Flachbettscanner. Hier legen Sie die Vorlage wie bei einem Kopiergerät mit der bedruckten Seite auf eine Glasplatte, und die Scannereinheit bewegt sich darunter. Moderne Scanner sind sehr leistungsfähig, aber um deren Potenzial auszuschöpfen, benötigt man Hintergrundwissen oder man muss ein wenig experimentieren.

Die richtige Auflösung wählen

Grundsätzlich gilt: Die Scaneinstellungen sind abhängig vom Ausgangsmaterial und vom Verwendungszweck.

■ Die Auflösung für die Fotoausarbeitung oder den Druck beträgt 300 dpi (Dots per Inch, Druckpunkte pro Zoll beziehungsweise 2,54 Zentimeter).

■ Wenn Sie später ein Bilddetail ausschneiden möchten, sollten es 600 oder 1200 dpi sein.
■ Für die Bildschirmdarstellung oder die Veröffentlichung im Internet genügen 96 dpi.
■ Bei Grafiken mit scharfen Kanten und Linien müssen Sie hingegen auf 1200 dpi gehen. Dies gilt auch für Text, sofern die Qualität im Vordergrund steht.
■ Möchten Sie ein Textdokument nur zur Ansicht einscannen und mailen, dann genügen 150 bis 300 dpi, damit die Datei nicht zu gross wird.
■ Ist die Vorlage schwarzweiss, können Sie den Scanner von Farbe auf «Graustufen» umstellen.

Wichtig: Soll der Scan grösser werden als das Original, dann muss die dpi-Anzahl entsprechend erhöht werden. Liegt das Ausgangsmaterial zum Beispiel als Dia vor (24 x 36 mm), dann erhalten Sie mit 300 dpi einen gleich grossen Scan. Für eine Ausgabegrösse im Format DIN A4 sind 2400 dpi nötig.

Preiswerte Scanner stossen hier an ihre Grenzen, denn es sind echte dpi erforderlich, keine «interpolierten», also künstlich errechneten. Spezielle Film- und Diascanner arbeiten mit einer Standardauflösung von 2400 oder 2800 dpi, manchmal sogar mit 4000 dpi, um das Maximum aus dem kleinen Negativ- oder Dia-Format herauszuholen.

Für das Scannen von Fotos aus Zeitungen oder Büchern sollte der Scanner mit der sogenannten «Entrasterung» ausgestattet sein.

Diese entfernt die beim professionellen Druck üblichen Rasterpunkte, die beim Scannen ohne Entrasterung für den störenden Marmorierungseffekt (Moiré) verantwortlich sind.

Staub und Kratzer entfernen
Hochwertige Fotoscanner können Staub und Kratzer automatisch entfernen. Dazu gibt es je nach Hersteller unterschiedliche Verfahren. Sie arbeiten alle nicht auf reiner Softwarebasis, sondern zum Beispiel mit Infrarotlicht. Dieses wird von den Staubpartikeln und Kratzern reflektiert, dadurch erkennt der Scanner die zu reparierenden Stellen.

Diese Verfahren funktionieren erstaunlich gut, aber nicht immer hundertprozentig. Und sie sind in erster Linie für Farbdias und -negative geeignet. Bei Schwarzweissaufnahmen kommt es oft zu Verfälschungen. Die Ergebnisse sind ausserdem von der chemischen Zusammensetzung des Filmmaterials (z.B. Silberanteil) und dessen Reflexionsverhalten unter Lichteinstrahlung abhängig.

Software Polaroid
Dust & Scratch Removal
http://polaroid-dust-scratch-removal-software.softonic.de
Die Alternative ist Software, die den gleichen Zweck erfüllt, wenn auch nicht mit dieser hohen Erfolgsquote. Dazu gehört zum Beispiel das oft verwendete Programm **Polaroid Dust & Scratch Removal**. Es wird zwar vom Hersteller selbst nicht mehr bereitgestellt, man findet es aber weiterhin im Netz. Dort kann man es kostenlos herunterladen. Das Programm funktioniert – anders als angegeben – auch unter Windows Vista, 7 und 8, leider aber nicht mehr auf dem Mac.

Polaroid Dust & Scratch Removal: Die kostenlose Software entfernt Staub und Kratzer.

Das Programm und die Anleitung sind nur in englischer Sprache verfügbar, sodass es ohne fortgeschrittene Sprachkenntnisse schwierig zu bedienen ist.

Vorsicht: Beim Installieren muss man aufpassen, dass das Programm nicht weitere, unerwünschte Software mitinstalliert.

Die Software verfügt über ähnliche Werkzeuge wie Bildbearbeitungsprogramme, mit denen man manuell Kratzer und Staubkörner markieren kann («**Mark Dust**», «**Mark Scratch**»). Möglicherweise genügt bereits die Automatikfunktion («**Action Auto Create Mask**»).

Wie allgemein bei der Bildbearbeitung, müssen Sie die Versuch- und-Irrtum-Methode anwenden und sich langsam herantasten. Trotz Automatik gibt es noch eine

Reihe anderer Vorgaben, die das Programm von Ihnen verlangt.

Im Falle der Polaroid-Software ist dies unter anderem das «Feathering». Dies gibt die Pixelanzahl vor, die im Zuge der Staub- und Kratzerentfernung rund um die markierte Stelle mitberücksichtigt wird. Bei weniger detailreichen Bildteilen (zum Beispiel Himmel) kann das Feathering grösser sein als bei solchen mit vielen Details, weil sonst die Bildqualität zu sehr leidet.

Solange Sie noch nicht auf «Speichern» geklickt haben, können Sie alle durchgeführten Änderungen schrittweise zurücknehmen. Für den Anfang ist es allerdings sicherer, mit einer Kopie statt mit dem Originalfoto zu arbeiten.

In guten Bildbearbeitungsprogrammen lassen sich Staub und Kratzer durch entsprechende Filter vermindern. Beim Beispiel **Photoshop Elements** funktioniert dies folgendermassen: Setzen Sie den «Schwellenwert» im Einstellungsfenster des Filters auf null und vergrössern vorsichtig den «Radius». Sie können dabei mitverfolgen, wie Staubpartikel und Kratzer verschwinden – sofern Letztere nicht zu gross und tief sind. Sobald dies vollständig geschehen ist, erhöhen Sie den Schwellenwert so lange, bis Staub und Kratzer wieder zu erscheinen beginnen und stoppen genau an dieser Grenze.

Beschädigte Stellen reparieren
Sollte das Ergebnis Sie nicht zufriedenstellen, können Sie alternativ den Bereichs-Reparaturpinsel verwenden, mit dem Sie auf das Staubkorn oder die schadhafte Stelle klicken beziehungsweise mit gedrückter linker Maustaste langsam dem Kratzer mittig entlangfahren. Wählen Sie den Durchmesser des Werkzeugs so, dass er minimal grösser ist als die Stelle, die Sie reparieren möchten.

Der Reparaturpinsel ist die manuelle Variante, bei der Sie zuerst einen sehr ähnlichen, intakten Bereich markieren und danach mit diesen Informationen die zu reparierende Stelle überschreiben. Der Kopierstempel ist für diese Zwecke zwar ebenfalls einsetzbar, arbeitet aber weniger «feinfühlig» als die Reparaturpinsel.

Weitere Nachbearbeitung der Scans
■ **Tonwertkorrektur:** Mit dem Flachbettscanner digitalisierte Bilder sind meist kontrastärmer als das Original. Zu den grundlegenden Massnahmen, die das Gesamtergebnis nach dem Einscan-

Photoshop: Mit dem Bereichs-Reparaturpinsel lassen sich Kratzer auf Fotos entfernen.

nen schon deutlich verbessern, gehört die Tonwertkorrektur und darin in erster Linie die Tonwertspreizung.

Meist genügt es schon, den linken der drei Schieberegler, die sich in der Tonwertkorrektur unter dem sogenannten Histogramm befinden, vorsichtig nach rechts zu bewegen, um dem Bild Ausdruckskraft zurückzugeben. Oft leistet aber auch die Auto-Tonwertkorrektur schon gute Dienste.

- **Kontrast und Helligkeit** sind gleichfalls wichtig, müssen aber gut dosiert eingesetzt werden.
- **Farbton und Sättigung:** Gleiches gilt für Farbton und Sättigung sowie für die Farbbalance, womit man zum Beispiel blau- oder rotstichige Farbfotos zumindest «entschärfen» kann.
- **Sepiafärbung korrigieren:** Auch alte Schwarzweissfotos haben oft einen Farbstich oder eine Sepiafärbung. Wenn Sie auf den nostalgischen Touch verzichten können, ist es sinnvoll, die Bilder tatsächlich in Schwarzweissfotos umzuwandeln und dadurch die Bildqualität zu verbessern. Allerdings sollten Sie nicht einfach den Farbmodus (meist RGB) auf «Graustufen» ändern. Verwenden Sie die automatische Schwarzweiss-Funktion des Programms («ohne Vorgaben») oder nehmen Sie dem Bild manuell die (Farb-)Sättigung.

Doch solche Änderungen sind meist nur mit umfangreich ausgestatteten Bildbearbeitungsprogrammen möglich. Mit iPhoto, Picasa oder der Windows Live Fotogalerie stossen Sie hier sehr bald schon an die Grenzen. Besser geeignet sind für den Heimgebrauch ausgelegte preisgünstige oder kostenlose Programme, die sich auf die Bildbearbeitung konzentrieren (siehe Seite 76 f.).

**7
Fotos
bearbeiten**

8 Fotos präsentieren
Diashow, Prints und Fotobücher

Wer digital fotografiert, möchte seine Bilder auch anderen Personen zeigen. Dafür gibt es verschiedene Möglichkeiten: von der Diashow am Computer oder Fernseher über selbst gestaltete Fotobücher bis zur Präsentation im Internet.

Digitalfotos bestehen aus Daten, die vom Computer und anderen elektronischen Geräten mühelos gelesen und auf einem Bildschirm «sichtbar» gemacht werden können. Die Präsentation der Bilder ist deshalb – je nach Situation – mit unterschiedlichen Geräten möglich: am PC, am Fernseher oder mit einem Videoprojektor (Beamer). Ist man unterwegs, lassen sich auch Smartphones oder Tablet-Computer für eine Fotoschau nutzen.

Diashow: So wird aus Einzelbildern ein Film

Jedes Bildverwaltungsprogramm (siehe Kapitel 7) verfügt über eine integrierte Diashow-Funktion. Es genügt, einen Ordner zu markieren und die Diashow zu starten, schon läuft die Präsentation automatisch ab. Mit der Esc-Taste können Sie die Show beenden.

Möchten Sie bestimmte Fotos dafür auswählen, kopieren Sie diese einfach in einen neuen Ordner. Unter **Picasa** und **iPhoto** können Sie ein entsprechendes Album anlegen (siehe Seiten 61 und 72).

Die fortgeschrittene Variante der Diashow ist das Erstellen eines Films. Darunter versteht man hier das Aneinanderreihen ausgewählter Bilder, die Sie mit Texten versehen und mit Musik oder passenden Geräuschen untermalen kön-

iPhoto: Ausgewählte Fotos lassen sich in einer Diaschau anzeigen.

nen. Der fertige Film lässt sich danach zum Beispiel auf eine DVD brennen oder im Internet veröffentlichen.

Diashow mit iPhoto
Auf Mac-Rechnern wählen Sie in **iPhoto** den gewünschten Ordner (oder das «Ereignis»), klicken Sie dann unten rechts auf «**Erstellen**» und auf «**Diashow**». Der Film wird automatisch mit Musik ergänzt. Die Reihenfolge der Fotos kann man im oberen Querbalken abändern. Unter «**Einstellungen**» lassen sich Stil und Musik der Diashow festlegen. Um den fertigen Film zu sichern, klicken Sie auf «**Exportieren**» und wählen die gewünschte Bildqualität.

Picasa und Windows Live Fotogalerie
Im Programm **Picasa** kann man mit dem integrierten **Movie Maker** aus einer Diashow einen Film herstellen, ebenso in der **Windows Live Fotogalerie**. Der Funktionsumfang der Fotogalerie lässt sich zusätzlich erweitern, wenn Sie **Windows Live Movie Maker** installiert haben. Das Programm ist im Rahmen des Live-Pakets kostenlos erhältlich (siehe Seite 52).

Treffen Sie eine Bildauswahl und klicken Sie danach (in Picasa und in der Fotogalerie) auf «**Erstellen/Film**». Sie sehen nun die Vorschau des ersten Bildes sowie eine Übersicht aller ausgewählten Fotos. Hier können Sie durch Verschieben mit dem Mauszeiger deren Reihenfolge ändern. Die Art der Übergänge von einem Foto zum nächsten können Sie ebenso festlegen wie die Anzeigedauer des Textes.

Bevor Sie den Film fertigstellen und speichern, legen Sie noch fest, wie hoch die Auflösung sein soll. Für die Wiedergabe am Computer oder am TV-Gerät wählen Sie eine hohe Auflösung. Eine niedrige Auflösung genügt, wenn Sie den Film im Internet oder auf dem Smartphone zeigen möchten.

Fotos auf dem Fernseher anschauen
Auf einem grossen Flachbildschirm kommen digitale Fotos besonders gut zur Geltung. Moderne Fernsehgeräte lassen sich meist direkt mit dem Computer verbinden (siehe Seite 97). So kann man Fotos und andere Medieninhalte vom Computer am TV-Gerät betrachten. Sofern eine WLAN-Verbindung besteht, ist die Übertragung sogar drahtlos möglich.

Komfortabel ist der Weg über ein netzwerkfähiges Zusatzgerät, zum Beispiel über Apple TV. Damit kann man den Computer drahtlos mit dem Fernseher verbinden und

---

IN DIESEM KAPITEL

88 Diaschau mit Musik und Text
89 Fotos auf dem Fernseher anschauen
90 Präsentation mit dem Beamer
91 Bilder im Internet präsentieren
92 Bilder per E-Mail versenden
93 Fotoabzüge und gedruckte Fotobücher
94 Fotos selber ausdrucken
97 Geräte anschliessen:
   Das richtige Kabel für optimale Bildqualität

8
Fotos präsentieren

Fotos, Musik oder Filme auf einem anderen Gerät wiedergeben (siehe Seite 35). Apple TV funktioniert auf PC und Mac, Voraussetzung ist aber die iTunes-Software. Auch mit der Settop-Box Horizon von Cablecom kann man Medien vom Computer am TV ansehen.

Bilder vom Mediaserver
Eine andere Möglichkeit ist eine netzwerkfähige Festplatte (NAS), die man mit mehreren Computern, aber auch mit dem Fernseher zu einem Netzwerk verbinden kann. Das NAS-Laufwerk ist dann der zentrale Medienserver, auf dem Fotos, Musik oder Filme gespeichert sind. Der Fernseher und andere Geräte im Netzwerk können auf diese Daten zugreifen und sie wiedergeben, ohne dass der Computer angeschaltet sein muss.

Das TV-Gerät muss über einen DLNA-Netzwerkanschluss verfügen, dann erkennt es den Mediaserver. Die Bedienung erfolgt über den TV-Bildschirm.

Eine Anleitung zum Einrichten eines Heimnetzwerks finden Sie ab Seite 32.

Günstige Beamer oft ungenügend

Beamer für den Hausgebrauch kosten in der Regel zwischen 2000 und 3000 Franken. Es gibt aber auch günstige Modelle für weniger als 1000 Franken. Ein «Saldo»-Test (Ausgabe 8/2013) zeigt jedoch: Günstige Beamer liefern oft schlechte Bildqualität. Bei sieben von zehn Modellen waren die Bilder unscharf, dunkel oder farbstichig. Nur drei Beamer erhielten die Gesamtnote «gut». Testsieger war das Gerät W1070 von BenQ für 999 Franken. (Resultate im Detail unter www.saldo.ch/tests).

Die ganz grosse Show: Präsentation mit Beamer
Echtes Kinofeeling kommt auf, wenn man die Diashow in einem verdunkelten Raum mit einem Videoprojektor oder Beamer vorführt. Der Beamer wirft das Bild wie ein Diaprojektor auf eine Leinwand. Damit kann er ein deutlich grösseres Bild darstellen als ein Fernseher. Für die Diashow kann der Beamer an jedes Ausgabegerät angeschlossen werden: Kamera, Computer, Speicherkartenabspieler oder DVD-Player.

Auf hohe Auflösung achten
Allerdings: Ein guter Beamer für die Fotopräsentation ist teuer. Relativ preisgünstige Beamer bringen zwar Filme und Videos gut auf die Leinwand, doch für Diavorführungen sind sie nur begrenzt geeignet. Anders als beim bewegten Videobild stört die vergleichsweise geringe Auflösung bei Fotos, die man längere Zeit betrachtet. Wer sich einen Beamer für Video und Foto leistet, sollte ein Multimediagerät mit hoher Auflösung oder ein Full-HD-Gerät wählen. Aber auch hier sollte man die Bildqualität vor dem Kauf testen, denn diese kann je nach Modell sehr unterschiedlich sein (siehe Kasten links).

Die höchste Auflösung und beste Bildqualität liefert ein Beamer, der am digitalen Monitorausgang DVI oder – falls vorhanden – am HDMI-Anschluss des Computers angehängt wird. An den analogen AV- oder TV- Ausgängen erhält man lediglich die niedrige TV-Auflösung (siehe Seite 97 ff.).

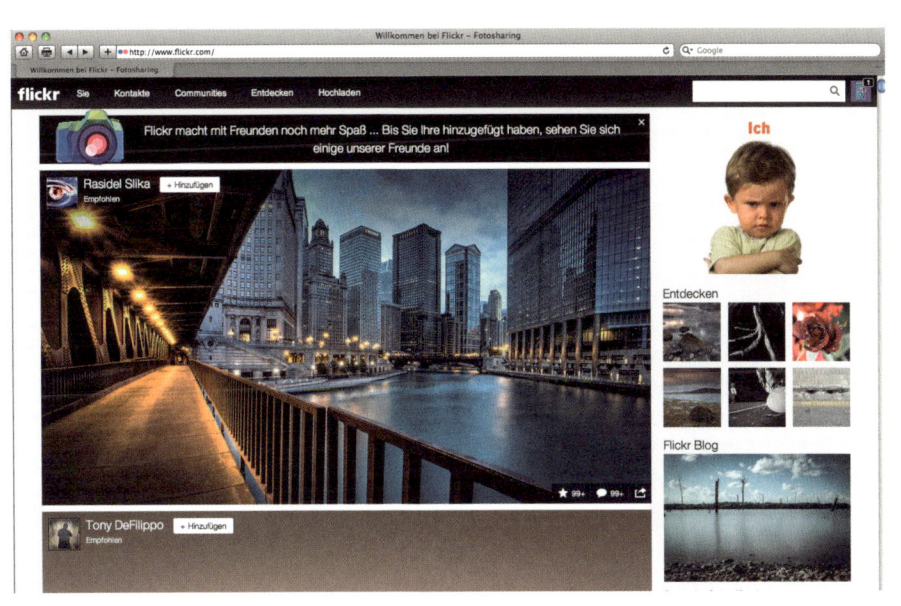

Flickr: Auf dieser Online-Plattform kann man seine Fotos anderen Nutzern zeigen.

Bilder im Internet präsentieren

Die weiterentwickelte Idee der Diashow ist die Präsentation der Fotos im Internet. Ob **Picasa Webalben** (http://picasaweb.google.de), **Flickr** (www.flickr.com) oder **Sky Drive** (http://explore.live.com/skydrive) – sie und noch einige andere Anbieter stellen kostenlosen Online-Speicherplatz für Fotos bereit, die die User gerne der Öffentlichkeit zeigen möchten. Denn dies ist der vorrangige Zweck dieser Websites, die Teil der Kultur der sozialen Netzwerke im Internet sind.

Den Online-Speicherplatz nur zum Verwalten der eigenen Fotos zu nutzen, macht für Normalanwender wenig Sinn. Dafür ist der Platz – vom grosszügig ausgestatteten SkyDrive abgesehen – viel zu beschränkt. Natürlich können Sie für eine Speichererweiterung bezahlen. Aber eine externe Festplatte ist die bessere und günstigere Lösung, um Fotos zu archivieren (siehe Seite 29 f.).

Bilder ins Netz stellen

Praktisch ist der Online-Speicher hingegen, wenn Sie ausgewählte Fotos anderen Internetnutzern zeigen möchten. Natürlich haben Sie die Möglichkeit, Ihre Fotos nur einem beschränkten Nutzerkreis zugänglich zu machen. Diese Personen werden dann per E-Mail informiert und können Ihre Fotos im Internetfotoalbum anschauen oder auch herunterladen.

SkyDrive und **Flickr** können Sie direkt aus der Windows Live Fotogalerie heraus mit Fotos befüllen, **Picasa** ist eng mit den Picasa-Webalben verknüpft. In beiden Fällen

> **TIPP**
>
> **Breitbandanschluss erforderlich**
>
> Wenn Sie Bilder ins Netz hochladen wollen, kommen Sie an einem Breitbandanschluss nicht vorbei. Zum einen wegen der Geschwindigkeit der Datenübertragung, zum anderen wegen des Volumens der übertragenen Daten. Besonders bei mobilen Internetzugängen, die ja meist ein deutlich limitiertes Datentransfervolumen haben, kann es aufgrund der Datenmenge knapp oder teuer werden.

müssen Sie ein Benutzerkonto anlegen. In der Fotogalerie finden Sie die Upload-Möglichkeit unter dem Menüpunkt «Start», bei Picasa unter «Tools/Hochladen».

Unabhängig davon ist es möglich, über den Browser oder einen kostenlos erhältlichen Upload-Assistenten Bilder hochzuladen. So können Sie den Online-Speicherplatz unabhängig von der verwendeten Bildverwaltungssoftware nutzen.

Wenn Sie die Bilder nur zum Anschauen ins Netz stellen, wählen Sie bei den Upload-Optionen eine reduzierte Bildgrösse, um Speicherplatz, Datentransfervolumen und Zeit zu sparen. Sollen andere Personen Ihre Fotos in ansprechender Qualität auch herunterladen können, müssen Sie die Bilder in Originalgrösse hochladen.

Achten Sie beim Anlegen eines neuen Online-Albums darauf, für welchen Personenkreis Sie die Bilder freigeben möchten.

Natürlich können Sie ihre Bilder auch auf die eigene Homepage stellen. Diese Variante ist jedoch mit mehr Aufwand verbunden.

Bilder per E-Mail versenden

Digitalfotos verstopfen schnell einmal ein E-Mail-Postfach – besonders wenn man mehrere gleichzeitig verschickt. Um die Dateigrösse möglichst gering zu halten, können Sie die Auflösung reduzieren – eine Funktion, die jedes Bildbearbeitungsprogramm beherrscht.

Am einfachsten ist es, die Option «**Bild als E-Mail versenden**» zu verwenden. Die gibt es in **IrfanView** ebenso wie in der **Fotogalerie** («**Foto-E-Mail**»), in **Picasa** («**Datei/E-Mail**») oder in **iPhoto** (unten rechts auf «**Bereitstellen**», dann «**E-Mail**»). Dabei wird das ausgewählte Foto automatisch verkleinert.

In der **Fotogalerie** haben Sie zusätzlich die Wahl zwischen dem Versand der Bilder als E-Mail-Anhang oder eingebunden in eine «**Foto-E-Mail**», in der die Bilder klein dargestellt sind. Parallel dazu werden sie auf SkyDrive hochgeladen, wo man die Fotos in voller Grösse anschauen kann.
Wenn Sie allerdings mehr Einfluss darauf haben möchten, was beim Verkleinern geschieht, müssen Sie dies von Hand tun. Auch dies ist mit jedem Bildbearbeitungsprogramm möglich.

800 x 600 beziehungsweise maximal 1024 x 768 Pixel genügen, wenn Sie die Fotos lediglich zum Anschauen am Computer versenden. 1280 x 960 Pixel sind optimal für Ausdrucke im Format 10 x 15

Zentimeter, und auch Papierbilder im Format 13 x 18 Zentimeter gelingen akzeptabel.

Achtung! Mit Rücksicht auf die Qualität, Fotos immer zuerst nachbearbeiten und dann verkleinern.

Fotoabzüge und gedruckte Fotobücher

Nicht jeder möchte seine Fotos elektronisch präsentieren. Der klassische Abzug auf Papier ist nach wie vor gefragt. Vorteile: Man kann die Bilder an jedem Ort auch ohne technische Geräte anschauen, zudem sind Fotoabzüge sehr langlebig – was für elektronische Speichermedien nicht unbedingt zutrifft (siehe Seite 29 f.).

Heute bringt man nicht mehr die Filmpatrone oder die Negativstreifen ins Fotogeschäft, sondern eine CD, eine Speicherkarte oder einen USB-Stick. Sicherheitshalber sollte man aber vorher die Daten kopieren. Es gibt auch Schnelllabors, die vor Ort drucken, und Selbstbedienungsgeräte, die recht brauchbare Abzüge liefern, wenn man sich nach einigen Fehldrucken mit der Bedienung etwas angefreundet hat.

Gern genutzt wird auch die Möglichkeit, die Fotodateien zu Hause am Computer online zu bearbeiten und auf die Website eines Fotolabors hochzuladen. Nach einigen Tagen erhält man per Post die Papierbilder.

Die Software dafür wird im Internet oder auf CD kostenlos bereitgestellt. In der Windows Live Fotogalerie und in Picasa sind einige Anbieter sozusagen vorinstalliert.

Fotobuch-Anbieter im Test

Im Bereich der Fotoabzüge bzw. der Fotobücher gibt es eine grosse Anzahl von Anbietern. Die Qualität schwankt jedoch erheblich. Der «K-Tipp» prüfte in der Ausgabe 12/2011, welche Anbieter die besten Fotobücher herstellte. Ifolor.ch, Bookfactory.ch und Book4you.ch schnitten im Test am besten ab.

Den restlichen Anbietern mangelte es vor allem an Farbtreue, Helligkeit und Kontrast. Die nur genügenden Anbieter in absteigender Reihenfolge waren Cewe-fotobuch.ch, Extrafilm.ch, Aldi.ch, Apple, Printmyphotobook.ch, Snapfish.ch und Fotopick.ch.

Es besteht aber keinerlei Verpflichtung, einen davon zu wählen.

Ein Fotobuch selber gestalten

Die Zeiten, in denen man einzelne Fotos in ein Album klebte, sind vorbei. Die moderne Variante ist ein selbst gestaltetes, gedrucktes Buch mit den eigenen Digitalfotos, das wie ein Bildband aus der Buchhandlung wirkt.

Ein Fotobuch kann jeder am Computer selbst gestalten. Im Internet finden Sie zahlreiche An-

---

TIPP

Digitale Bilderrahmen

Wer Fotos gerne an die Wand hängt, muss nicht unbedingt den Drucker oder ein Labor für ein Papierbild bemühen. Für digitale Fotos gibt es elektronische Bilderrahmen zum Aufstellen oder Aufhängen. Dabei handelt es sich eigentlich um kleine Flachbildschirme mit internem Fotospeicher oder einem Steckplatz für Speicherkarten. Die Rahmen zeigen ein Foto dauernd oder auch mehrere Fotos, die in einem wählbaren Zeitintervall wechseln.

Hersteller sind zum Beispiel Braun, Philips, Samsung oder Sony.

> **STICHWORT**
>
> **Thermosublimationsdrucker**
>
> Die besonders kompakten Fotodrucker haben sich in den vergangenen Jahren einen Nischenplatz gesichert. Sie arbeiten nicht mit Tinte, sondern mit wachsbeschichteten Folien. Durch Hitze wird die Farbe auf das Fotopapier (meist maximal im Format 10 x 15 Zentimeter) übertragen. Die Ausdrucke sind in der Regel von guter Qualität, der Preis pro Foto ist aufgrund der Materialkosten allerdings höher als bei den Inkjets. Bedenken Sie auch, dass diese Drucker im Gegensatz zu den Inkjets für keine anderen Zwecke als den Fotodruck verwendet werden können.

bieter, die das Buch nach Ihren Wünschen drucken (siehe Kasten Seite 93 oben). Was Sie dafür auf jeden Fall brauchen, ist Zeit. Vor allem beim ersten Mal nimmt das Erstellen eines Fotobuches Stunden, wenn nicht Tage in Anspruch. Alleine schon die Auswahl der besten Bilder setzt voraus, dass Sie sich intensiv mit den Aufnahmen beschäftigen.

Trotzdem kann das Endprodukt anders aussehen als auf dem Bildschirm. Ein Grund dafür ist die von den Labors kostenlos bereitgestellte Software, die sehr einfach gestaltet ist. Dies ist aus Sicht des Laien zwar begrüssenswert, auf Dauer kann sie dann aber den Ansprüchen nicht genügen. Auch hat jedes Programm seine Eigenheiten, mit denen man sich erst vertraut machen muss.

Und schliesslich ist der Bildschirm des Notebooks oder Computers in der Regel kein Profigerät, das alle Feinheiten inklusive der exakten Farbtöne wiedergibt.

Betrachten Sie Ihr erstes Fotobuch daher am besten als Testlauf und wählen Sie eine kostengünstige Ausführung.

Fotobücher gibt es in unterschiedlichen Grössen und Ausführungen – entsprechend breit ist das Preisspektrum. Ab rund 10 Franken gibts ein Buch im Postkartenformat, Bücher im A4-Format können zwischen 25 und 100 Franken kosten, wobei sogenannte Echtfotobücher teurer sind als andere.

Der Unterschied: Herkömmliche Fotobücher werden digital auf normales Druckpapier gedruckt. Bei Echtfotobüchern wird Fotopapier belichtet, auf dem Bilddetails meist besser zur Geltung kommen. Ebenso beeinflussen Seitenzahl, Art der Bindung (Spiral-, Klebe- oder Fadenbindung) und das Material des Einbandes den Preis.

Fotos selber ausdrucken: So gelingen die Bilder

Statt Fotoabzüge und Fotobücher im Labor zu bestellen, können Sie Ihre Bilder auch selber ausdrucken. Die erzielbare Qualität ist mittlerweile erstaunlich hoch. Allerdings sollten Sie den Kosten- und auch den Zeitfaktor berücksichtigen: Sie müssen sich mit der Technik beschäftigen, Bilder bearbeiten, den Monitor kalibrieren und den Drucker auf die jeweilige Papiersorte optmieren.

Die Wahl des Druckers

Vor dem Kauf eines Druckers müssen Sie eine grundlegende Entscheidung treffen: Tintenstrahldrucker (Inkjet) oder Farb-Laserdrucker? Hierbei handelt es sich um zwei völlig unterschiedliche Technologien, wobei die Wahl allerdings eher nach den Anwendungsbereichen getroffen wird. Die oben gestellte Frage muss eigentlich lauten: Fotos oder Buchstaben?

Wenn Sie viel Text ausdrucken, ist ein Laserdrucker in jeder Hinsicht die bessere Wahl. Wie bei einem Kopierer wird hier Tonerpulver ins Papier eingebrannt. Er ist dadurch schneller, die Druckqualität bei Text ist höher, der Ausdruck ist wischbeständiger und die Druckkosten sind niedriger.

Damit ist praktisch alles machbar, ausgenommen Fotoausdrucke in Hochglanzqualität. Das im Handel erhältliche (beschichtete) Glossy-Fotopapier ist hier nicht verwendbar. Farblaser drucken matt und haben – zumindest im unteren Preissegment – immer noch Probleme bei der Darstellung von Farbnuancen. Ab der mittleren Preisklasse (rund 500 Franken) sind aber bereits Farblaserdrucke im A4-Format in durchaus beachtlicher Qualität möglich.

Mehr Farben für bessere Fotos
Die teureren Laserdrucker haben im Fotobereich zwar deutlich aufgeholt. Beim Ausdruck hochwertiger Bilder in Laborqualität liegen im Heimbereich trotzdem die (gleichfalls höherpreisigen) Tintenstrahlmodelle vorn.

Um höheren Ansprüchen an die Fotoqualität zu genügen, gilt jedenfalls der Grundsatz: Je mehr Farben der Drucker verwendet, desto besser das Ergebnis. Standard sind vier Farben, nämlich Cyan (C = Blau), Magenta (M = Rot), Yellow (Y = Gelb) und Black (K = Schwarz).

STICHWORT

Dpi – grosser Lärm um kleine Punkte

Bei Druckern werden Nutzer unweigerlich mit dem Kürzel «dpi» konfrontiert. Es steht für «Dots per Inch», auf Deutsch Punkte pro Zoll (1 Zoll = 2,54 Zentimeter). Ein Drucker mit 600 dpi Auflösung kann also maximal 600 Punkte pro Zoll (oder knapp 240 Punkte pro Zentimeter) drucken. Auf einer Fläche von einem Quadratzentimeter sind das 56 000 Punkte.

In den vergangenen Jahren hat ein richtiger Wettlauf um die höchste Auflösung stattgefunden: 1440, 2880 oder gar 4800 dpi steht in den Werbeprospekten zu lesen. Tatsache ist jedoch: Das menschliche Auge nimmt bereits ein Foto mit 150 dpi als scharf wahr. Zudem können die Tintenpunkte nicht beliebig verkleinert werden. Daher genügen 300 dpi für ein ausgezeichnetes Ergebnis.

Die genannten hohen Auflösungen werden rein rechnerisch durch die Software erreicht. Ihr einziger Vorteil: Durch das Überdrucken von mehreren Punkten können Farben natürlicher dargestellt werden. Voraussetzung ist, dass das Ausgangsbild gut ist. Ein schlechtes Bild wird durch eine hohe Druckauflösung nicht besser, sondern seine Schwächen treten deutlicher hervor.

Wobei selbst gute Ausdrucke mit 300 dpi bereits die Verwendung von Fotopapier voraussetzen, weil Normalpapier die Tinte stärker aufsaugt und damit den möglichen Gewinn an Detailschärfe zunichte macht.

**8
Fotos präsentieren**

Diese vier Farben kommen im Übrigen auch in den Farblaserdruckern zum Einsatz.

Bei ausgesprochenen Fotodruckern gesellen sich zum Kürzel CMYK noch Photomagenta (PM) und Photocyan (PC). Das sind rote beziehungsweise blaue Tinten mit geringerer Farbsättigung. Sie werden eingesetzt, um zum Beispiel den Hautton oder Himmelblau naturgetreuer darzustellen. Ergänzend geben manche Hersteller schliesslich auch Grau/Mattschwarz dazu. Für optimale Ergebnisse muss auch die Tinte mit dem Papier zusammenpassen. Beachten Sie dazu die Herstellerempfehlungen.

Kostenfaktor Tinte und Toner
Die Tintenpatronen sind mit Abstand der grösste Kostenfaktor bei den Tintenstrahldruckern, aber auch die Kosten für hochwertiges Fotopapier sind nicht unerheblich.

Vor allem bei Billigdruckern kommt es nicht selten vor, dass die Ersatzpatronen mehr kosten als das Gerät selbst.

Tonerkartuschen haben hier ein besseres Preis-Leistungs-Verhältnis und trocknen auch bei längerem Nichtgebrauch nicht aus. Leider werden bei billigen Laserdruckern als Erstausstattung oft nur teilweise befüllte Kartuschen mitgeliefert. Der Preis für einen kompletten neuen Satz Kartuschen liegt dann oft über dem Anschaffungspreis des Gerätes.

Noch immer verfügen viele Geräte über Druckpatronen, bei denen sich alle Farben in einem gemeinsamen Gehäuse befinden, das lediglich in Kammern für die einzelnen Farben unterteilt ist. Nachteil: Ist auch nur eine Kammer leer, müssen Sie die gesamte Patrone auswechseln. Einzelpatronen für jede Farbe sind wirtschaftlicher und umweltfreundlicher.

Einfache Kommunikation dank «PictBridge» und WLAN

Ein interessantes Feature vieler Drucker ist «Direct Photo Printing», also der direkte Ausdruck von Fotos ohne Computer. Das funktioniert auf zwei Arten: Sie schieben das Speichermedium der Digitalkamera in den Kartenleser des Druckers oder Sie senden die Bilddaten von der Kamera über eine Kabel- oder Funkverbindung an den Drucker.

Zur Vereinfachung letzterer Möglichkeit hat sich die Industrie schon vor Jahren auf den sogenannten «PictBridge»-Standard geeinigt. Kameras und Drucker, die damit ausgerüstet sind, «verstehen» einander sofort, sogar wenn sie von unterschiedlichen Herstellern stammen.

Aktuell zeichnet sich aber der Trend ab, dass PictBridge langsam verschwindet und dem kabellosen Drucken über WLAN beziehungsweise der AirPrint-Technologie von Apple weicht.

Anders als beim Ausdruck über den Computer, ist es beim Direktausdruck allerdings nicht möglich, die auf der Speicherkarte befindlichen Fotos anderweitig abzuspeichern. Wenn Sie die Daten auf der Speicherkarte löschen, um Platz für neue Aufnahmen zu schaffen, sind die alten Fotos damit für immer verloren. Und auch die Bildbearbeitungsmöglichkeiten sind im Vergleich zum Computer sehr beschränkt.

Neben dem Kaufpreis ist auch interessant, für wie viele Ausdrucke die Tintenpatronen reichen. Tatsache ist, dass selbstgemachte Fotoausdrucke in vergleichbarer Qualität meistens teurer sind als die Ausarbeitung im Fotolabor.

Manche Patronen und Tonerkartuschen werden mit unterschiedlichen Füllmengen angeboten. Mehr Inhalt ist im Vergleich meist preisgünstiger, doch sollten Sie im Falle der Inkjets bedenken, dass bei längerer Nichtbenützung eintrocknende Tinte den Druckkopf verkleben und die Patrone unbrauchbar machen kann. Sinnvoller ist es daher, wenn Sie die Füllmenge Ihrem Bedarf entsprechend wählen.

Abhängig von Ihren Ansprüchen, sollten Sie auf das maximal druckbare Bildformat achten. Nicht immer sind A4-Ausdrucke möglich, bei manchen Fotodruckern ist bereits bei 13 x 18 cm Schluss.

Geräte anschliessen: Aufs Kabel kommts an

Bilder, Filme und Musik lassen sich auf den verschiedensten Geräten abspielen. Einen auf dem Computer gespeicherten Film kann man beispielsweise am Fernseher betrachten. Den Kino-Sound liefern stabförmige Lautsprecher oder Soundbars. Dazu braucht es aber das richtige Kabel.

Die Übersicht zeigt auf, welche Stecker für welchen Zweck geeignet sind. Allerdings: Wie man Geräte miteinander verbindet, hängt massgeblich von deren Alter ab. HDMI Kabel beispielsweise haben sich erst nach 2003 flächendeckend durchgesetzt. Nicht jedes Gerät verfügt deshalb über alle Anschlüsse.

HDMI

Die modernste digitale Verbindung. Ein HDMI-Kabel überträgt qualitativ hochstehende digitale Bild- und Tonsignale wie das hochauflösende Bild (HD) oder neue Tonformate wie Dolby-True-HD. Dabei wird das Signal nicht komprimiert und erreicht das TV-Gerät verlustfrei. HDMI hat sich bei Flachbildfernsehern und bei Bluray-Abspielgeräten durchgesetzt.

Ausserdem findet man es bei HD-Digicams und manchmal an Computern. Bei Kameras wird häufig eine kleinere Steckervariante verwendet, die aber dieselbe Qualität liefert.

Wichtig: Mit HDMI-Kabeln können die Hersteller die digitale Kopiersperre HDCP anwenden. Wer also unkopierbare Bluray-Filme in HD-Qualität anschauen will, muss seine Geräte mit HDMI verbinden.

DVI

Der Vorgänger von HDMI ist ebenfalls eine digitale Verbindung für hochauflösende Filme. Im Gegensatz zu HDMI überträgt DVI keinen Ton. Das Datenformat ist bei DVI und HDMI dasselbe. Daher sind die beiden Kabel miteinander kompatibel und lassen sich mit einem Adapter zusammenschliessen.

Es kann aber vorkommen, dass die einzelnen Kontakte im Kabel anders belegt sind. Dann funktioniert das Zusammenspiel zwischen DVI und HDMI nicht. Ein Nachteil ist, dass man nicht mit allen DVI-Anschlüssen Filme mit Kopiersperre anschauen kann. So kann es passieren, dass bei einem nicht kopierbaren Bluray-Film das Bild des Fernsehers oder Beamers schwarz bleibt. Daher muss man darauf achten, dass die jeweiligen Geräte mit DVI-Anschluss als «HDCP-tauglich» gekennzeichnet sind.

Komponenten-Stecker

Auch Component-Video genannt. Lassen sich die beiden Geräte nicht mit HDMI- oder DVI-Kabel digital verbinden, ist ein Komponentenkabel die beste Wahl. Diese Technik gehört zu den qualitativ besten analogen Bildübertragungen. Das Bildsignal ist dabei in drei Komponenten aufgeteilt, welche in separaten Kabeln gesendet werden. Komponenten-Kabel sind vor allem bei DVD-/Bluray-Playern und TV-Geräten gebräuchlich.

S-Video

Ebenfalls eine gute Verbindung für analoge Bilder. Fehlt an einem Gerät ein Komponenten-Anschluss oder ein Scart mit RGB (siehe rechts), sollte man S-Video wählen. Ähnlich wie beim Komponenten-Kabel erreicht man eine gute Qualität, weil die Bildinformationen getrennt übertragen werden. Bei S-Video sind dies die Signale Helligkeit und Farbinformationen. Beide Signale werden aber auf demselben Stecker gesendet.

Composite
Auch Cinch oder FBAS genannt. Der weitaus verbreitetste Steckertyp sorgt gleichzeitig für das qualitativ schlechteste Bild. Die Bildinformationen sind in einem einzigen Signal zusammengefasst und

werden mit dem gelben Stecker übertragen. Der rote und der weisse Stecker sind für den Ton reserviert.

Der Vorteil von Composite-Steckern ist, dass man damit auch sehr alte Fernsehgeräte oder Videorecorder verbinden kann, die noch nicht über moderne Anschlüsse verfügen. Ebenfalls bei Kameras und Computerausgängen gebräuchlich.

Scart

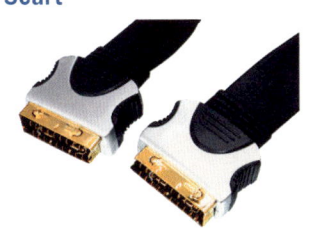

Scart steht nur für eine bestimmte Steckerart, nicht aber für ein bestimmtes Bildsignal. Mit Scart lassen sich ganz verschiedene Arten von analogen Signalen übertragen. So zum Beispiel Composite- oder S-Video-Signale, daneben auch das qualitativ sehr gute RGB-Signal, das vergleichbare Bilder wie das Komponenten-Signal liefert.

Was der Stecker genau übertragen soll, muss man in den Einstellungen des DVD-Rekorders oder des Fernsehers wählen. Bei manchen erhältlichen Scart-Steckern sind nicht alle der 21 flachen Metallkontakte aktiviert. Das führt dazu, dass man oft nur das schlechte Composite-Signal übertragen kann. Fragen Sie deshalb im Laden vor dem Kauf, ob alle Kontakte beim Stecker «voll belegt» sind.

Firewire

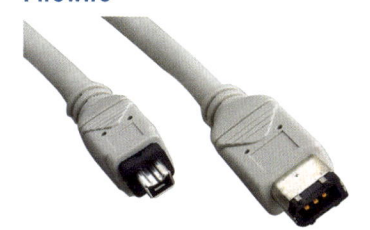

Auch IEEE 1394 oder i.Link genannt. Verbreitete Verbindung zwischen Videokamera und Computer. Sie ist schnell genug, um Filme in hoher Qualität zu kopieren. Eine gleichwertige Alternative dazu ist ein USB-Anschluss.

VGA

Häufiger Ein- und Ausgang für Bildsignale am Computer. Im Gegensatz zu HDMI oder DVI wird das

---

TIPP

Die richtige Verbindung für eine optimale Bildqualität

Je nachdem, welche Geräte man miteinander verbindet, sollte man verschiedene Kabeltypen verwenden. Nicht für jedes Gerät stehen alle Anschlüsse zur Verfügung. In dieser Übersicht sind die möglichen Verbindungen aufgeführt. An erster Stelle ist jeweils der Kabeltyp genannt, der die beste Bildqualität ermöglicht.

■ **Vom DVD-/Bluray-Player zum TV-Gerät:** HDMI, DVI, Component, S-Video, Scart, Composite

■ **Vom Computer zum TV-Gerät:** HDMI, DVI, VGA, S-Video, Composite

■ **Settopbox/Sat-Receiver zum TV-Gerät:** HDMI, Component, Scart

■ **Digicam/Videokamera zum Computer/TV-Gerät:** HDMI, DVI, Firewire/USB, Composite

---

8
Fotos präsentieren

Bild analog übertragen. Beamer haben häufig einen VGA-Eingang, ebenso moderne Flachbildfernseher. Die VGA-Verbindung bietet

eine bessere Bildqualität als andere Ausgänge wie S-Video oder Composite.

Toslink
Optisch-digitale Verbindung für Tonsignale, zum Beispiel vom Fernseher zur Stereoanlage oder zur Soundbar. Die Informationen werden digital mit Licht übertragen. Optisch-digitale Kabel für die Tonübertragung haben den Vorteil,

dass sie unempfindlich gegenüber elektromagnetischen Feldern sind. Dafür können die Anschlüsse verstauben und das Glasfaserkabel knickt leichter als ein herkömmliches Kupferkabel.

8
Fotos präsentieren

9 Glossar und Stichwortverzeichnis
Fachbegriffe und Abkürzungen

A

Add-on: Softwaremodul, das in ein Computerprogramm integriert wird und dessen Funktionsumfang erweitert (→ Plug-in).

ADSL: Abkürzung für Asymmetric Digital Subscriber Line. Technik, die für den schnellen Breitbandzugang ins Internet verwendet wird. Die Übertragungsraten sind beim Empfang (downlink) und Senden (uplink) unterschiedlich.

Android: Freies Betriebssystem für mobile Geräte (Smartphones, Tablets), das von mehreren Herstellern eingesetzt wird. Hauptmitglied der dahinter stehenden Entwicklergemeinschaft ist Google.

App: Kurzform für englisch application = Anwendung. Programm im Computer- und besonders auch im Smartphone-Bereich.

Audio-Dateiformate: Es gibt mehrere Formate für Audiodateien. Bei einigen wird die Musik komprimiert, um auf dem Computer oder dem portablen Abspielgerät Speicherplatz zu sparen. Dabei können Informationen verloren gehen, was die Klangqualität beeinträchtigt.

■ **MP3** ist ein komprimiertes Format. Es nutzt die Tatsache, dass das menschliche Ohr ohnehin nicht alle Audiosignale hören kann. Durch die Beschränkung auf die hörbaren Signale wird die Dateigrösse deutlich reduziert. Dennoch stellt es einen akzeptablen Kompromiss dar zwischen Dateigrösse und Tonqualität.

Obwohl es heute bessere Alternativen gibt, behauptet MP3 seine Führungsrolle. Jedes Abspielgerät erkennt MP3.

■ **AAC** (Advanced Audio Coding) ist keine Weiterentwicklung von MP3, sondern eine Neuentwicklung. Zu AAC gehört das Containerformat MP4. In diesen Container werden die Musikdateien plus die → Metadaten plus ein allfälliger Kopierschutz (→ DRM) hineingepackt. Die Dateien im AAC-Format können verschiedene Endungen haben, wie «.m4a» oder «.mp4», wobei das «p» hier auf eine geschützte Datei hinweist.

AAC ist weitgehend verlustfrei. Es liefert daher trotz stärkerer Komprimierung bei gleicher Datenrate bessere Qualität als MP3. Es ist aber – abgesehen von Apple-Geräten – auf dem Musikplayer-Markt relativ selten vertreten.

■ **WAV** (Waveform Audio File Format) ist ein unkomprimiertes Containerformat zur verlustfreien Speicherung von Audiodaten. Entwickelt wurde es ursprünglich von Microsoft und IBM.

WAV wird unter anderem verwendet, wenn die Musik vor dem Umwandeln in ein komprimiertes Format noch am Computer bearbeitet werden soll. Die anschliessende Konvertierung ist sinnvoll, weil WAV bis zu zwölfmal so viel Speicherplatz benötigt wie MP3.

WAV ist weit verbreitet. Windows und Mac spielen WAV-Dateien mit dem Windows Media Player beziehungsweise mit Quicktime ab.

■ **FLAC** (Free Lossless Audio Codec) ist ein Containerformat zur nahezu verlustfreien Datenkompression im Audiobereich. Die Kompression ist deutlich schwächer als bei MP3 und AAC, die Dateien sind daher entsprechend grösser. Aufgrund der hohen Wiedergabequalität hat FLAC aber eine gewisse Verbreitung erfahren.

■ **Vorbis** wurde als freie Alternative zu MP3 entwickelt und ist wie dieses ein verlustbehaftetes Kompressionsverfahren. Es liefert jedoch vergleichsweise hohe Qualität. Oft begegnet man der Bezeichnung «Ogg Vorbis». «Ogg» ist dabei der Container, in den die Vorbis-Dateien hineingepackt werden.

■ **WMA** (Windows Media Audio) ist die von Microsoft entwickelte Alternative zu MP3, also ein verlustbehaftetes Kompressionsverfahren. Es kommt vor allem bei Windows-Betriebssystemen zum Einsatz.

Auflösung: Angabe der Bildpunkte am Bildwandler (CCD-Chip), die bei Digitalkameras zur Verfügung stehen. Die Angabe erfolgt in → Pixel – horizontal mal vertikal – oder als Gesamtanzahl, z. B. 3264 x 2448 = 8 Megapixel (MP).

B

Backup: Mittels spezieller Software erstellte Sicherungskopie, die im Falle des Datenverlustes eine vollständige Wiederherstellung der Daten erlaubt.

Bit: Die kleinste Masseinheit in der Informations- und Computertechnik. Bit ist ein Kunstwort aus binary digit, was auf den Zahlencode bestehend aus den zwei Werten 0 (keine Stromladung) und 1 (Ladung) hinweist. In der Digitalfotografie und in der Bildbearbeitung wird die → Farbtiefe eines Bildes in Bit angegeben.

Bitrate: Die Bitrate gibt an, welche Datenmenge in einem vorgegebenen Zeitraum übertragen wird. Üblicherweise wird sie in Sekunden gemessen (Bit/s oder bps). Im Audiobereich üblich ist die Angabe in Kilobit/s (Kbit/s oder Kbps).

Die Bitrate kann auch die Qualität einer Audiodatei beschreiben: Eine → MP3-Datei mit 192 Kbit/s hat einen grösseren Dynamikumfang und klingt etwas klarer als die gleiche Datei mit 128 Kbit/s. Denn zur Wiedergabe desselben Tonmaterials stehen mehr Informationen pro Sekunde zur Verfügung.

Bluetooth: Funkschnittstelle für den Transfer kleiner Datenmengen zwischen Computer und Kleinstgeräten wie Handys, Digitalkameras oder Kopfhörer; kurze Reichweite.

Blu-Ray Disc, BD: Die Nachfolgerin der DVD mit grösserer Speicherkapazität (27 GB und 52 GB). Die BD-R kann nur einmal mit Daten beschrieben werden, bei der BD-RE ist das mehrmals möglich.

C

Card Reader: In den Computer oder Laptop eingebautes oder per → USB extern angeschlossenes Lesegerät für Speicherkarten (z.B. von der Digitalkamera oder vom Handy).

Byte: Kleinste Datenmenge in der Informations- und Computertechnik. 1 Byte besteht aus 8 → Bit. 1024 Byte sind ein Kilobyte (kB), 1024 Kilobyte sind 1 Megabyte (MB), 1024 Megabyte sind 1 Gigabyte, 1024 Gigabyte sind 1 Terabyte (TB). Vereinfachend wird im Alltag mit 1000 statt mit 1024 gerechnet, wodurch gewisse Unterschiede zwischen nomineller und tatsächlicher Datenmenge oder Speicherkapazität entstehen.

D

DCIM: Abkürzung für Digital Camera Images und üblicherweise der Name der Ordner auf einer Speicherkarte, in dem Digitalkameras ihre Aufnahmen ablegen.

Direct Print, Direktdruck: Drucken von Fotos direkt ab Kamera ohne Umweg über den Computer. Die Übertragung der Bilder von der Kamera zum Drucker kann via Kabel oder drahtlos erfolgen. Kamera und Drucker müssen mit dem → PictBridge-Standard kompatibel sein. Bei vielen Fotodruckern kann man die gängigsten Speicherkarten einschieben und dann die Bilder ausdrucken.

DisplayPort: Schnittstelle zum Anschluss von Bildschirmen an Computern. Der DisplayPort löst den DVI-Anschluss ab und wird anstelle des oft problematischen HDMI-Anschlusses verwendet.

DLNA: Digital Living Network Alliance. Technischer Standard für die Multimediawiedergabe im gemischten Heimnetzwerk (Geräte aus dem Computerbereich und aus der Unterhaltungselektronik).

Dpi: Abkürzung für Dots per inch – Bildpunkte pro Zoll (2,54 Zentimeter); je mehr dpi ein Bild hat, desto leichter lässt es sich ohne grossen Qualitätsverlust vergrössern. Bilder für die Veröffentlichung im Internet kommen mit 72 dpi aus, für den Druck reichen üblicherweise 300 dpi.

DRM: Digital Rights Management. Kopierschutz für digitale Medien.

DVI: Abkürzung für die Bildschirmschnittstelle zu Digital Visual Interface, die es in verschiedenen Varianten (DVI-D, DVI-I, DVI-A) gibt, inzwischen aber durch den → HDMI und den → DisplayPort ersetzt wird.

E

Ethernet: Technologie der Kabelnetzwerke. Fast-Ethernet (100 Mbit/s) wird allmählich von Gigabit-Ethernet (1000 Mbit/s) abgelöst.

EXIF-Daten: Abkürzung für Exchangeable Image File Format. Digitalkameras speichern in einer Bilddatei nicht nur die eigentliche Aufnahme, sondern auch Informationen (Metadaten) über die Aufnahme wie die verwendete Blenden-Zeit-Kombination oder den Weissabgleich. Im EXIF-Standard ist festgelegt, wie Digitalfotos samt Aufnahmedaten gespeichert werden. Die Aufnahmedaten können in der Kamera am LCD-Bildschirm oder in Bildbearbeitungs- und Bildverwaltungsprogrammen angezeigt werden (siehe Seite 49). Fotodrucker und Geräte im Fotolabor, die diesen Standard unterstützen, können diese Infos für bessere Ausdrucke nutzen.

Eye-Fi: Bezeichnung für Speicherkarten des Typs SD, mit deren Hilfe Digitalkameras über WLAN-Netzwerke die Fotos auf ausgewählte Internetplattformen überspielen können.

F

Farbtiefe: Die Farb- oder Abtasttiefe gibt an, wie viele Helligkeits- und Farbabstufungen unterschieden werden können. Bei 1 Bit Farbtiefe werden nur schwarze und weisse Bildpunkte dargestellt. Bei 8 Bit Farbtiefe sind es 256 Farben oder 236 Graustufen. Für Fotorealismus sind 24 Bit im → RGB-Modus nötig, was 16,7 Millionen Farben entspricht

FireWire: Digitale Schnittstelle zum Verbinden von Computern untereinander oder mit externen Festplatten. Im Bereich der Unterhaltungselektronik wird FireWire oft i.Link genannt. FireWire ist eine Alternative zu → USB und wird auch für den Anschluss von Scannern, Camcordern, CD/DVD-Playern und anderen Geräten verwendet.

Flash-Speicher: Allgemeine Bezeichnung für Speicherkarten, die unter anderem in Kameras und Smartphones verwendet werden. Andere Bauformen beziehungsweise Geräte, in denen diese Speichertechnik genutzt wird, sind USB-Sticks und MP3-Player. Flash-Speicher in Form von SSD (Solid State Drives) können die magnetischen Festplatten ersetzen oder ergänzen (siehe Seite 29).

Freeware: Software, die von ihren Entwicklern kostenlos zur allgemeinen Nutzung zur Verfügung gestellt wird.

G

GPS: Abkürzung für Global Positioning System. Ein weltweites Navigationssystem zur Standortbestimmung via Satellit. Digitalkameras und Smartphones, die mit GPS ausgerüstet sind, können in den → EXIF-Daten eines Bildes vermerken, wo eine Aufnahme gemacht wurde (→ Tags, Geo-Tags).

H

HD: Abkürzung für Harddisk (Festplatte) und für High Definition (hohe Auflösung) → HDTV.

HDMI: Abkürzung für High Definition Multimedia Interface. Schnittstelle zur digitalen Übertragung von Bild und Ton in der Unterhaltungselektronik.

HDTV: High Definition Television ist die Norm für digitales, hochauflösendes Fernsehen (und Videodaten). Das grosse HD-Format «Full HD» bietet eine Bildauflösung von 1920 x 1080 Pixel, das kleine 1280 x 720 Pixel. Fernsehgeräte, die nur das kleine Format unterstützen, werden als HD-ready bezeichnet.

I/J

ID3-Tag: Zusatzinformation einer → MP3-Audiodatei. Enthält Angaben wie den Künstlernamen, den Titel des Albums oder den Musikstil. Sozusagen die → Metadaten des MP3-Formats.

i.Link: → FireWire.

IPTC: Standard zur Speicherung von Informationen (→ Metadaten) zu den Bildinhalten von Digitalfotos. Existiert neben → XMP.

JPEG, JPG: Dateiformat der Joint Photographic Experts Group. Ein häufig verwendetes elektronisches Bildformat, das die Daten bereits in der Kamera stark komprimiert. Die Dateigrösse kann dadurch klein gehalten werden. Wer mit richtigem Weissabgleich und optimaler Schärfeneinstellung korrekt belichtet, braucht kein → RAW- oder → TIFF-Format, weil bereits mit dem JPEG-Format hochqualitative Bilder gemacht werden können.

Achtung: Die stets verlustbehaftete JPEG-Komprimierung summiert sich mit jedem neuen Bearbeiten und Abspeichern, wenn man im Bildbearbeitungsprogramm bei diesem Format bleibt (und nicht auf das TIFF-Format ausweicht).

K
Kbit/s: → Bitrate

L
Livestream: → Streaming

M
Mediaserver: Spezielle Hard- oder Software, die Fotos, Musik oder Videos in einem Netzwerk verteilt (siehe Seite 32 ff.).
Metadaten: Diverse Zusatzinformationen als Bestandteil einer Fotodatei. Ein Teil davon (Datum, Uhrzeit, Angaben zu den Kameraeinstellungen etc.) wird gleich bei der Aufnahme von der Kamera geschrieben (siehe Seite 49).

N
NAS: Abkürzung für Network Attached Storage. Netzwerkfähige Festplatte, die als Bindeglied zwischen Computer und Fernseher oder Stereoanlage sowie als → Mediaserver dienen kann (siehe Seite 32).

P
PictBridge: Dieser Standard ermöglicht es, Bilder direkt ab Kamera zu drucken. Kameras und Drucker, die damit ausgerüstet sind, «verstehen» einander sofort, sogar wenn sie von unterschiedlichen Herstellern stammen (siehe Seite 96).
Pixel: Kurzform von Picture Elements (Bildpunkte). Ein Pixel (px) ist die kleinste sichtbare Einheit eines Bildes; ein digitales Bild besteht aus Millionen solcher schachbrettartig angeordneter Punkte.
Plug-in: Ein an sich auch selbständig funktionsfähiges Programm, das sich in ein anderes Programm «einklinkt» und dessen Funktionen erweitert (→ Add-on).

Q
QuickTime: Von Apple entwickelte Multimediaerweiterung für Windows- und Mac-OS-Betriebssysteme.

R
RAW: Rohdatenformat für Digitalfotos. Die rohen, vom Sensor der Kamera nahezu verlustfrei gespeicherten Bilddaten (mit maximaler Dynamik und Auflösung) bieten umfangreiche Bearbeitungsmöglichkeiten am Computer, bevor man sie in ein gängiges Bildformat umwandelt. Nachteile: Die Datei ist viel grösser als beim stark komprimierten → JPEG-Format.
RGB: Steht für Rot, Grün, Blau und das additive Farbmodell, bei dem durch Mischen der drei Farben jede beliebige Farbe erzeugt werden kann. Alle zusammen ergeben

in maximaler Stärke Weiss. Digitalfotos werden meist als RGB-Dateien erzeugt.

Router: Netzwerkgerät. Verbindet zum Beispiel das Internet mit dem Heimnetzwerk (siehe Seite 33).

S

Samplingrate: Beim Digitalisieren wird das analoge Signal in gleichen Zeitabständen gemessen. Dieser Messwert wird digital abgespeichert. Die Samplingrate gibt die Häufigkeit (Frequenz) dieser Messung pro Zeiteinheit an. Die bei CDs übliche Samplingrate von 44,1 KHz (Kilohertz) steht für 44 100 Messungen pro Sekunde.

Schnittstelle: Verbindung zwischen verschiedenen Geräten, zum Beispiel → USB. Ob verschiedene Geräte miteinander funktionieren, hängt entscheidend von der Schnittstelle ab.

Secure Digital, SD: Ist die verbreitetste Speicherkarte für Fotokameras.

Stürzende Linien: Werden Gebäude aus der Nähe – und in der Regel – von unten nach oben fotografiert, dann streben die senkrechten Linien nach oben gegeneinander, scheinen ineinander zu stürzen.

Streaming: Kontinuierliche Übertragung von Musik- oder Videodaten über ein Netzwerk (siehe Seite 35).

T

Tag: Ein digitales «Etikett» mit individuellen Zusatzinformationen zum Beispiel zu einer Fotodatei. Dort werden Tags für Schlagwörter eingesetzt, welche die Suche nach Fotos zu bestimmten Themen vereinfachen (siehe Seite 49).

Thumbnails: Verkleinerte Vorschaubilder von den Originalfotos, wie sie in der Bildübersicht von Fotoverwaltungsprogrammen verwendet werden.

Treiber: Ein Programm, das der Computer benötigt, um eingebaute oder angeschlossene Geräte erkennen und steuern zu können.

TIFF: .tif steht als Datei-Endung für Tagged Image File. Dieses verbreitete Bilddateiformat wird von manchen Kameras für die verlustfreie Speicherung von Digitalfotos genutzt. Die unkomprimierten Dateien sind sehr gross. TIFF-Dateien können aber komprimiert abgespeichert werden. Im Unterschied zum → JPEG-Format erfolgt die Komprimierung verlustfrei.

U

USB: Der Universal Serial Bus ist heute die Standardschnittstelle, um Tastaturen, Mäuse, Drucker, Scanner, Brenner und andere Geräte am Computer anzuschliessen.

W

WLAN: Wireless LAN. Lokales kabelloses Netzwerk über Funk (siehe Seite 32 ff.). WLAN-taugliche Geräte tragen oft die Bezeichnung WiFi.

X

XMP: Abkürzung für Extensible Metadata Platform. Ein Standard zur Speicherung von → Metadaten in digitalen Fotodateien. Existiert neben → IPTC.

Stichwortverzeichnis

A

AAC	11, 22 f., 38
ACDSee	47, 66
Add-on	102
AirPlay	32, 35, 96
AirPrint	96
Album	10, 19, 32, 61 ff., 71 f., 81, 88, 91
Analogue Ripper	17
Android	36, 45, 102
App	102
Apple	6, 10, 18, 21 f., 28, 31 ff., 45, 89, 93
AppleTV	32, 35, 89 f.
Audacity	16
Audio-Dateiformate	11, 102
Audio-Mitschnitte	8 ff.
Audio-Schnittstelle	12
Aufnahmedatum	50, 54, 62
Autorenname	48

B

Backup	25 ff., 40, 45, 75
Batch-Konvertierung	70
Beamer	90 f.
Beschriftungen	46, 51 ff., 64, 73
Bewertung	24, 28, 48, 57, 67
Bibliotheken	20, 22
Bildbearbeitung	46, 66, 76 ff., 92, 96
Bildtitel	48, 54
Bildverbesserung	76 ff.
Bitrate	8, 103
Bluetooth	42, 103
Blu-Ray	99, 103

C

Card Reader	41 f., 67, 103
CD-Import	10 ff.
Cinch-Buchsen	13, 98
Cloud	18, 31, 36 ff., 45, 75
Composite	98

D

Dateiformate	11, 16, 22, 73, 77 ff.
Datenkabel	41
Datensicherung	24 ff., 47, 57, 59, 64, 67, 75

DCIM (Digital Camera Images)	67, 104
Dias digitalisieren	83 ff.
Diashow	49, 56, 61, 88 f.
Digitalisieren	7, 12, 15, 17, 83
DLNA (Digital Living Network Alliance)	34, 90, 104
Dolby-Rauschunterdrückung	14
Dpi (Dots per Inch)	84, 95, 104
DRM (Digital Rights Management)	11
Drucker	93 ff.
DVI (Digital Visual Interface)	97, 104

E

Ethernet	32 ff.
EXIF-Daten	49, 52, 55 ff., 64, 67, 71 ff., 104
Eye-Fi	42, 45, 104

F

Firewire	99, 105
FLAC	102
Flash-Speicher	30 f., 105
Fotos ausdrucken	93 ff.
Fotos downloaden	43
Fotobücher	93 f.
Fotopapier	94 ff.
Fotoscanner	83 ff.
Free Audio Converter	21

G

Geotagging	49, 51, 54 f., 57, 63 f.
Gesichtserkennung	47, 51, 58 f., 63, 71 ff.
Gimp	76
Google Maps	63
Google Picasa	59 ff., 81 ff.
GPS (Global Positioning System)	105
Gruppierung	47, 53

H

HDMI	35, 97 f., 105
Heimnetzwerk	29, 32 ff., 90

I

iCloud	45
ID3-Tags	10, 27, 105
Importdatum	47, 54

Internetradio	33 f.
iPad	18, 21, 24, 35, 38, 45
iPhone	18, 21, 35, 38, 45
iPhoto	71 ff., 88 f.
iPod	18, 21, 45
IrfanView	69 ff., 77
iTunes	6, 11 f., 12, 18 ff., 26 ff., 35 ff.

K

Kabelverbindung	97 ff.
Klangverbesserung	14, 17
Klinkenstecker	13
Komponenten-Stecker	98
Konvertieren	11, 15 f., 21 ff., 69 f.

L

Laserdrucker	95
Line-in	12
Line-out	13

M

Magix Audio Cleaning Lab	15
Magix Foto Designer	77
Mediamonkey	19
Mediaplayer	18 ff.
Mediaserver	32, 90, 105
Mediathek	22 f., 28 f.
Menüband	56
Metadaten	10, 27, 47, 49 ff., 57, 64, 74 f.
Movie Maker	89
MP3	9 ff., 102
MP3 DirectCut	9
MP4	17
Multimediafestplatte	32 ff.
Musikbibliothek	19 ff.
Musikdownload	6 f.
Musikkassetten	12 f.

N

NAS	33 f., 90, 106
Nero	16 f.
Netzwerkfähige Geräte	34, 89
Netzwerkkabel	34
Netzwerkserver	33

O

Online-Bildbearbeitung	80
Online-Speicher	25, 45, 91
Ordnungssystem	44, 46 ff.
Ortserkennung	63, 74

P

Personenbeschriftungen	51
Personenmarkierung	58 f.
Phono-Eingang	13
Photoshop	66, 76, 80, 83
Picasa	59 ff., 81 f.
Picasa Photo Viewer	59
Picasa-Webalben	91
PictBridge	96, 106
Playlisten	21

R

RAW	106
Rote-Augen-Korrektur	77, 82
Router	33, 107

S

Samplingrate	14, 107
Sättigung	78 f., 87, 96
Scanner	83 ff.
Scart-Kabel	99
Schallplatten digitalisieren	12 ff.
Schnelltags	63
SkyDrive	31, 45, 91
Slideshow → Diashow	
Songbird	19
Soundkarte	12 f.
Speicherkarte	30, 40 f.
Speichermöglichkeiten	29 ff.
Spezialeffekte	83
SSD-Festplatte	30
Staub entfernen	85 f.
Störgeräusche	16, 17
Streaming	35 ff.
Streaming-Portale	36
Streamripper	9
S-Video	98
Systemabbild	24 f.

Glossar Stichwörter

T

Tag	10, 27, 48 ff., 63 ff., 73
Thermosublimationsdrucker	94
Thumbnails	69
TIFF	107
Tintenstrahldrucker	96
Tonwertkorrektur	86

U

USB-Anschluss	13 f., 41 f., 99
USB-Stick	14, 31, 93

V

VGA-Anschluss	99
Vorverstärker	13

W

WAV (Waveform Audio File Format)	11, 14 ff., 102
Webradio-Recorder	8 ff.
Webradios	8 ff.
Wiedergabelisten	19 ff., 24 ff.
WiFi → WLAN	
Winamp	9, 12, 18 ff., 27
Windows-EasyTransfer	28
Windows Explorer	20, 47, 57, 67 f.
Windows Fotogalerie	52
Windows Live Fotogalerie	52, 76, 80
Windows Live ID	46
Windows Media Player	18, 20 f., 27, 29, 36
Windows Search	46
WLAN	33, 35 f., 42, 89, 96

Y

YouTube	7, 35